Christian Felber

Retten wir den Euro!

W0180444

Deuticke

1 2 3 4 5 16 15 14 13 12

ISBN 978-3-552-06187-3
Alle Rechte vorbehalten
© Deuticke im Paul Zsolnay Verlag Wien 2012
Satz: Eva Kaltenbrunner-Dorfinger, Wien
Umschlaggestaltung: David Hauptmann,
Hauptmann & Kompanie Werbeagentur, Zürich
Druck und Bindung: CPI – Ebner & Spiegel, Ulm
Printed in Germany

MIX
Papier aus verantwortungs-
vollen Quellen
FSC
www.fsc.org
FSC® C006701

Inhalt

»Wir befinden uns in den ersten Momenten eines neuen und unterschiedlichen Sturms.«[1]
Robert Zoellick, Weltbank-Chef

»Die Lage ist viel dramatischer als 2008.«[2]
Ulrich Schröder, Buchautor

»Es könnten auf uns sehr harte Zeiten zukommen – härter, als wir uns es derzeit vielleicht vorstellen können.«[3]
Andreas Treichl, Erste-Bank-Chef

»Wenn nach Griechenland dann auch noch Italien käme. Dann würde keine Brandmauer der Welt Amerika schützen.«[4]
Barry Eichengreen, Ökonom und Politologe, University of California

»Wir stehen vor einer globalen Krise der öffentlichen Finanzen, und wir (die Euro-Zone) sind das Epizentrum dieser Krise.«[5]
Jean-Claude Trichet, EZB-Chef

»Der Euro steckt in keiner Krise.«[6]
Othmar Karas, EU-Parlamentarier

»Das Wort Euro-Krise ist einfach nur falsch.«[7]
Norbert Walter, Ex-Chefökonom Deutsche Bank

»Der Euro bricht auseinander.«[8]
Alan Greenspan, Ex-Fed-Chef

»Wenn das Haus brennt, ist es egal,
woher das Wasser kommt.«[9]
Silvio Berlusconi, Ex-Regierungschef

»Im Extremfall bricht man eben die Regeln.«[10]
Nouriel Roubini, Ökomom, New York University

»Und jetzt unser Gold«[11]
Frankfurter Allgemeine Zeitung

»Große Investmentbanken und Ratingagenturen
gehen davon aus, dass der Schirm wirken wird.«[12]
Stefan Pichler, Bankenexperte

»Der Euro dient nicht den Bürgerinnen und Bürgern,
sondern der Finanzoligarchie.«[13]
Max Otte, Ökonom

»Wir retten doch nicht Griechenland! Wir stützen
25 oder 30 weltweit tätige Investment-Banken und
ihre wahnwitzigen Geschäfte.«[14]
Peter Gauweiler, CSU-Abgeordneter

»Die Europäische Union ist endgültig eine Haftungs-
und Transferunion […] Wenn das so bleibt, hat der Euro
keine Zukunft.«[15]
Othmar Issing, Ex-Bundesbank-Chef

»Eine Währungsordnung hatte ohne politische Union
und vor allem ohne eine Vereinigung der Haushalte
noch nie Bestand.«[16]
Nouriel Roubini/Stephen Mihm,
Ökonomen und Buchautoren

»Wenn das bisherige Tempo beim Auflegen immer neuer Rettungsprogramme anhält, ist – leider – spätestens – bis zum Jahr 2015 mit einer Währungsreform zu rechnen.«[17]
Ulrich Horstmann, Buchautor

»Bringt die D-Mark zurück!«[18]
Wall Street Journal

»Unsere Eliten fürchten den deutschen Sonderweg mehr als den gemeinsamen Untergang.«[19]
Bruno Bandulet, Buchautor

»Scheitert der Euro, dann scheitert Europa.«[20]
Angela Merkel, Regierungschefin

»Die Praxis dieser Politik belegt wie in einem Echtzeit-experiment nicht nur, dass die gegenwärtige ›bürgerliche‹ Politik falsch ist, sondern, viel erstaunlicher, dass die Annahmen ihrer größten Gegner richtig sind.«[21]
Frank Schirrmacher, FAZ-Herausgeber

»Noch hat niemand einen Durchblick, auch ich nicht.«[22]
Maria Fekter, Finanzministerin

»Die Wirklichkeit ist schon viel weiter als unsere Wahrnehmung.«[23]
Mathilde Stanglmayr, Bankerin

Vorwort

Es gibt eine einfache Möglichkeit zur Rettung des Euro, die wird aber nicht einmal diskutiert. Mit den derzeitigen Maßnahmen retten die Regierungen den Euro zu Tode – und vielleicht auch die EU. Grundsätzlich gibt es vier Rettungsstrategien für den Euro:

- Die *Übernahme* der Schulden der einen Mitgliedstaaten durch andere via Rettungsschirm – diese Strategie führt früher oder später in die Gesamtinsolvenz der Eurozone.
- Die *Streichung* der Schulden, an sich gerecht, ist nicht möglich, weil es nach wie vor systemrelevante Banken gibt. Ein Schuldenschnitt würde zu einer Kettenreaktion führen, die Staaten und Banken (weltweit) in die Insolvenz reißt.
- Die *Inflationierung* der Schulden ist ein äußerst riskanter und nicht empfehlenswerter Ausweg, der jedoch mit dem Scheitern von Strategie eins und zwei wahrscheinlicher wird. Mindestkollateralschaden: die Vernichtung aller Finanzvermögen im gleichen Ausmaß, in dem die Schulden entwertet werden. Worst Case: Währungsreform und Rückkehr zu D-Mark und Schilling.
- Die vierte Option brächte die Lösung, sie wird aber tabuisiert: die *Tilgung* der Schulden über EU-weite Finanztransaktions-, Vermögens-, Kapitalertrags- und Gewinnsteuern. Sie würden endlich die Krisenverursacher und -profiteure in die Verantwortung nehmen – und ihnen auch noch nützen!

Die Rettung des Euro ist aber nicht oberstes Ziel dieses Buches: Gleichzeitig wird der Frage nachgegangen, ob die Vorteile einer Einheitswährung grundsätzlich die Nachteile überwiegen und welche Alternativen es zum Euro gibt.

Die schwere Krise bietet die Möglichkeit, die fatalen systemischen Konstruktionsfehler der EU in das Zentrum der Debatten zu rücken: Einheitswährung ohne Lohnkoordination, Freihandel ohne Sozialstaat und freier Kapitalverkehr ohne Steuerkooperation können nicht gutgehen.

So, wie es ein Fehler war, die osteuropäischen Staaten mit ganz unterschiedlichen Lohn-, Sozial- und Steuerstandards zu integrieren – was die innereuropäische Standortkonkurrenz anheizte –, war es ein Fehler, den Euro ohne Lohn- und Fiskalkoordination einzuführen: zu früh!

Die Konstruktionsfehler der EU hängen mit dem undemokratischen Bau des »Hauses Europa« zusammen. Der Bau des Hauses Europa wurde von den Regierungen begonnen; anstatt die Bauregie an die BürgerInnen zu übergeben, behielten die Eliten sie bei sich. Die EU nimmt Kurs auf eine autoritäre Plutokratie. Die Krise bietet die Chance, dass das Haus der Regierungen einstürzt – und von den BürgerInnen wiederaufgebaut wird – mit einer neuen, demokratischen Hausordnung.

Dieses Buch will viererlei aufzeigen:

1. dass es noch eine Rettung für den Euro gibt, wenn auch nicht mit den Maßnahmen, die bisher angewandt und diskutiert werden;

2. dass die Staatsfinanzierung auf ganz andere Weise organisiert werden kann als derzeit – Geld könnte ein öffentliches Gut werden;

3. dass die grundlegenden Konstruktionsfehler der Eurozone und der EU behoben werden müssen, wenn die EU dauerhaften Bestand haben will;

4. dass das nur über eine radikale Demokratisierung geht; die Krise bringt die Chance für einen demokratischen Neustart; bleibt sie hingegen ein autoritäres Projekt der Eliten, wird die EU untergehen – ökonomisch und politisch.

Anmerkungen

1 Weekend Australian, 13. August 2011.
2 KfW-Chef, Berliner Morgenpost, 6. September 2011.
3 Die Presse, 11. Oktober 2011.
4 Frankfurter Allgemeine Sonntagszeitung, 6. November 2011.
5 Reuters, 24. September 2011.
6 Die Presse, 14. August 2011.
7 Deutsches Anleger Fernsehen, 28. Oktober 2011.
8 ORF online, 23. August 2011.
9 HORSTMANN (2011), 138.
10 Die Presse, 12. November 2011.
11 Frankfurter Allgemeine Sonntagszeitung, 6. November 2011.
12 Kurier, 31. Oktober 2011.
13 OTTE (2011), 25.
14 Welt am Sonntag, 4. September 2011.
15 FAZ, 29. Januar 2010.
16 ROUBINI / MIHM (2011), 376.
17 HORSTMANN (2011), 245.
18 The Wall Street Journal, 10. August 2011.
19 BANDULET (2010), 174.
20 Regierungserklärung, 19. Mai 2010.
21 Frankfurter Allgemeine Sonntagszeitung, 14. August 2011.
22 Die Presse, 25. August 2011.
23 Statement auf der Tagung der Akademie auf Zeit für Solidarische Ökonomie »Kapitalismus und dann?« am 22. Oktober 2011 in der Bartholomäusgemeinde in Berlin.

I. Das größere Krisenbild

»Das Grundkapital des Europäischen Stabilitätsmechanismus (ESM) beträgt 700 000 000 000 Euro (siebenhundert Milliarden Euro)«, steht im Vertragsentwurf. Im Juli 2013 übernimmt der ESM »die derzeit von EFSF und dem EFSM wahrgenommenen Aufgaben bei der Bereitstellung von Finanzhilfe an Mitgliedstaaten des Euro-Währungsgebiets […]«
(Anmerkung des Verfassers: Aus zwei provisorischen – und rechtswidrigen – Rettungsschirmen wird ein dauerhafter.)

»Die Bundesrepublik Deutschland ist daran mit 190 Milliarden Euro beteiligt, die Französische Republik mit 143 Milliarden Euro, die Italienische Republik mit 125 Milliarden Euro, die Republik Österreich mit 19,5 Milliarden Euro.«
(Das ist der Beginn.)

»Die ESM-Mitglieder verpflichten sich hiermit bedingungslos und unwiderruflich, ihre Einlage auf das Grundkapital […] zu leisten. Sie haben allen Kapitalabrufen fristgerecht […] Folge zu leisten.«
(Von Diskussionen im EU-Parlament, in nationalen Parlamenten oder Volksabstimmungen steht weit und breit nichts.)

»Der Gouverneursrat genehmigt jährlich den Haushalt des ESM.«
(In Demokratien ist die Erstellung des Haushaltes ein »Königsrecht« des Parlaments. Zum Vergleich: Der EU-Haushalt beläuft sich auf rund 130 Milliarden Euro.)

»Der Gouverneursrat kann jederzeit noch ausstehende Einlagen auf das Grundkapital abrufen und den ESM-Mitgliedern eine angemessene Frist für deren Zahlung setzen. Der Gouverneursrat prüft regelmäßig, mindestens alle fünf Jahre, das maximale Ausleihvolumen und ob das genehmigte Grundkapital des ESM hierfür angemessen ist. Er kann die Änderung des Grundkapitals beschließen [...]«

(Also zum Beispiel verdoppeln auf 1,5 Billionen Euro? Von einer Obergrenze steht nichts.)

»Der ESM hat einen Gouverneursrat, ein Direktorium, einen Geschäftsführenden Direktor [...] Die Beschlüsse des Gouverneursrats und des Direktoriums werden im gegenseitigen Einvernehmen nach Maßgabe des vorliegenden Vertrags mit qualifizierter Mehrheit oder einfacher Mehrheit gefasst.«

(Und die Mitbestimmung des EU-Parlaments und der nationalen Parlamente?)

»Leistet ein ESM-Mitglied bei einem Kapitalabruf [...] keine Zahlung, erfolgt an alle ESM-Mitglieder ein geänderter Kapitalabruf zur Einzahlung von höheren Beträgen, um sicherzustellen, dass der ESM den Gesamtbetrag des erforderlichen einzuzahlenden Kapitals erhält.«

(Lustig wird es im Falle einer Insolvenz Italiens: Dann steigt die Haftung Deutschlands »aliquot« um weitere 34 Milliarden Euro, diejenige Österreichs um 3,5 Milliarden. Fallen auch noch Belgien, Spanien und Frankreich aus, kommen für Deutschland in Summe 102 Milliarden und für Österreich 10,5 Milliarden hinzu. Die Zinsen sind hier noch nicht eingerechnet.)

»Der Gouverneursrat bestimmt eine geeignete Vorgehensweise, um sicherzustellen, dass das betreffende Mitglied innerhalb einer angemessenen Frist seine Schuld gegenüber dem ESM begleicht, und ist befugt, die Zahlung von Verzugszinsen auf den überfälligen Betrag zu fordern.«

»Der ESM, sein Eigentum, seine Finanzmittel und Vermögenswerte genießen unabhängig von ihrem Standort und Besitzer umfassende gerichtliche Immunität.«
(Die SteuerzahlerInnen haben keine Möglichkeit, über die Verwendung von Steuermitteln zu verfügen.)

»Die Archive des ESM und alle ihm gehörenden oder in seinem Besitz befindlichen Dokumente im Allgemeinen sind unverletzlich.«
(Ist das nur Intransparenz oder Geheimhaltungspflicht?)

»Die Räumlichkeiten des ESM sind unverletzlich.«
(Kontrolle? Nicht mit uns! Hausdurchsuchungen? Nur bei Dealern und Tierschützern!)

»Die Gouverneursratsmitglieder, stellvertretenden Gouverneursratsmitglieder, Direktoren, stellvertretenden Direktoren, der Geschäftsführende Direktor und das Personal genießen Immunität von der Gerichtsbarkeit hinsichtlich der in ihrer amtlichen Eigenschaft vorgenommenen Handlungen und Unverletzlichkeit in Bezug auf ihre amtlichen Schriftstücke.«
(Haftung und Transparenz? Nicht mit uns! Die Gouverneure und Direktoren sind offenbar unfehlbar und deshalb nicht rechenschaftspflichtig.)

Der Vertragsentwurf für den ESM gibt einen Vorgeschmack darauf, wie undemokratisch die EU in der Krise wird. Der ESM ist ein neuer Höhepunkt in puncto Demokratieabbau in der EU. Wobei noch ungewiss ist, ob es überhaupt zum Start des ESM kommen wird – einmal, weil die Möglichkeit besteht, dass der Euro bis dahin Geschichte ist; oder weil ungewiss ist, ob die Regierungen die vertraglichen Voraussetzungen dafür zu schaffen verstehen – es würde sich um eine grundlegende Abänderung des Lissabon-Vertrags handeln, die Volksabstimmungen erfordert.

Der Euro ist in der Krise, die er verdient. Er ist Teil einer dreifachen Fehlkonstruktion: der neoliberalen Fehlkonstruktion der Globalisierung, der neoliberalen Fehlkonstruktion der EU und der verfrühten Währungsunion. Wir wollen uns das gesamte Bild ansehen.

1. Neoliberale Globalisierung

Das gesamte Projekt der neoliberalen Globalisierung der letzten dreißig Jahre verkehrt Mittel und Zweck. Nicht Menschenrechte, Umweltschutz, Verteilungsgerechtigkeit oder Demokratie sind die Ziele des Globalisierungsprojekts, sondern Wirtschaftsfreiheiten. Damit hat sich einer der neoliberalen Vordenker, Friedrich August von Hayek, durchgesetzt: »Wirtschaftliche Freiheit ist die Voraussetzung für alle anderen Freiheiten.«[1] Die westlichen Regierungen haben Kapitalverkehr, Handel und Investitionen global liberalisiert in der Hoffnung, dass die Bereitung des »ebenen Spielfeldes« namens Weltmarkt alle anderen Ziele – Menschenrechte, Arbeitsrechte, soziale Sicherheit, Steuerkooperation, Fusionskontrolle, Umwelt-, Gesundheits- und Sicherheitsstandards – von allein bringen würde. Hier sind die wichtigsten globalisierten Wirtschaftsfreiheiten:

- bedingungsloser *Freihandel*: ohne Steuerkooperation, Lohnkoordination, Sozialkorridore, verbindliche Arbeits-, Gesundheits- oder Umweltstandards;

- *freier Kapitalverkehr* ohne jede Bedingung, selbst für Hochrisikoprodukte (Derivate) und Hochrisikoakteure (Hedge-Fonds) sowie in Hochrisikozonen (Steueroasen);
- globaler *Eigentumsschutz* für Konzerne für materielles und immaterielles Eigentum inklusive Einklagbarkeit bei globalen Gerichten.

Zur Durchsetzung dieser Freiheiten wurden nicht nur völkerrechtlich verbindliche Abkommen geschaffen (die Welthandelsorganisation WTO und ihre Teilverträge wie GATS oder TRIPS), sondern auch eigene globale Tribunale wie das bei der Weltbank angesiedelte International Centre for Settlement of Investment Disputes (ICSID), das Klagen von Konzernen gegen Staaten verhandelt.

Die Einseitigkeit und Unausgewogenheit des Projekts zeigt sich nicht nur darin, dass es keine annähernd sanktionsmächtigen Abkommen und Institutionen für Menschenrechte, Arbeitsrechte, Sozialstandards, Steuern oder Umweltnormen gibt, sondern dass selbst auf unumstrittene und für die Funktionstüchtigkeit eines (Welt-)Marktes unverzichtbare Rahmeninstitutionen »vergessen« wurde. So gibt es bis heute

- keine globale Fusionskontrolle oder Wettbewerbsbehörde;
- keine Weltfinanzaufsicht;
- keine Kontrolle des internationalen Kapitalverkehrs;
- kein globales Gericht, bei dem transnationale Konzerne wegen Verletzung der Menschen- oder Arbeitsrechte, Gefährdung der Gesundheit oder Zerstörung der Umwelt geklagt werden könnten;
- keinerlei globale Steuerpflichten für die Globalisierungsgewinner.

Das politische Projekt der Globalisierung wird seit rund dreißig Jahren mit großer Konsequenz von den Regierungen der westlichen Industrieländer – EU, USA, Japan, Kanada, Australien, Schweiz – forciert. Sie sind Getriebene der mächtigsten Lobby-Organisationen wie dem European Round Table of Industrialists (ERT), dem World Economic Forum (WEF) oder der International Chamber of Commerce (ICC) sowie der mächtigsten Finanz- und Industriekonzerne. Die völkerrechtlichen Regeln kommen formal zwar demokratisch zustande, sie entbehren jedoch der souveränen Essenz: Sie spiegeln nicht die Bedürfnisse und den Willen der Mehrheitsbevölkerung wider. Die Mittel der Einflussnahme der mächtigen Unternehmen reichen von Medienbesitz und Experten-Shopping über Lobbying und Parteienfinanzierung bis hin zu Bestechung und Korruption. Allerorts fehlt es an demokratischen Räumen und Instrumenten, welche eine Willensbildung im Sinne der Mehrheitsbedürfnisse und -interessen erlauben.

Entsprechend undemokratisch sind die Ergebnisse: Würden Standortdumping, freier Kapitalverkehr in Steueroasen oder Weltmarkt ohne Fusionskontrolle demokratisch zur Abstimmung gebracht, sie erhielten wohl nirgendwo auf der Welt die Zustimmung der Bevölkerung.

2. Neoliberale Konstruktion der EU

Die Europäische Integration spiegelt im Kleinen die neoliberale Konstruktion der Globalisierung. Nicht Menschenrechte, soziale Sicherheit, ökologische Nachhaltigkeit oder Demokratie stehen im Mittelpunkt des Projekts Europa, sondern die (neoliberale) Durchsetzung von Wirtschaftsfreiheiten. Dieser Charakter wird immer noch vom Gründungsmythos der EU überdeckt. Das »Friedensprojekt Europa« sorgt unverändert für breite Identifizierung mit Europa, obwohl die EU-Mitgliedstaaten immer öfter in Auslandskriege verwickelt sind (Irak, Afghanistan, Ruanda, Libyen …) und der innere Friede durch die soziale Desintegration zunehmend gefährdet wird. 2011 lag in 17 von

27 Mitgliedstaaten die Jugendarbeitslosigkeit über zwanzig Prozent. Das ist Vorbereitung auf den Bürgerkrieg.

Es geht hier aber nicht um die Frage Ja oder Nein zur Europäischen Union. Diese ist unstrittig. Es geht um Ziel und Zweck des Projekts. Wie ein vereintes Europa aussehen soll, ist vollkommen offen. Es kann ein Bundesstaat mit gemeinsamer Sprache, Währung und gemeinsamem Haushalt werden à la USA: »Vereinigte Staaten von Europa«. Es kann eine Menschenrechts-, Bildungs- und Forschungsgemeinschaft werden mit lokalen Ökonomien und starker politischer Subsidiarität, ein »Europa der Regionen«. Das Spektrum der Möglichkeiten ist weit.

Die undemokratische Weichenstellung in der Europäischen Integration erfolgte Mitte der 1980er Jahre mit der Einheitlichen Europäischen Akte und dem Binnenmarkt. Dieser war kein Projekt der BürgerInnen, sondern mächtiger Konzernverbände, wie Ex-BP-Chef Peter Sutherland freimütig zugab.[2] Seither entwickelt sich die EU konsequent zu einer marktradikalen Freihandelszone ohne gemeinsame Sozialstandards, ohne koordinierte Steuerpolitik, ohne Mindest- und Höchstlöhne und ohne Ausgleichsmechanismen für defizitäre und überschüssige Leistungsbilanzen. Die neoliberale EU ist gekennzeichnet von:

- Standort- und Steuerwettbewerb;
- wachsender Ungleichheit;
- defizitären Staatshaushalten;
- Liberalisierung und Privatisierungsdruck;
- systemischer finanzieller Instabilität;
- Ressourcenverschwendung und ökologischem Imperialismus;
- Aufrüstung und Kriegsneigung nach außen;
- keiner Allgemeingültigkeit der Grundrechte.

Während der Binnenmarkt »vollendet« wird, entstehen keine solidarischen Sicherungssysteme, geschweige denn

EU-weite öffentliche Güter. Die Konvergenzkriterien sind rein fiskalische, weder ökologische noch soziale. Die Einheitswährung (Kooperation auf der Ebene der Währungspolitik) wird durch Konkurrenz in der Lohn-, Steuer- und Standortpolitik konterkariert. Das dreiprozentige Wachstumsziel der Lissabon-Strategie aus dem Jahr 2000 wurde 2010 in der neueren »Strategie 2020« in »intelligentes, nachhaltiges und integratives Wachstum« umformuliert, aber BIP-Wachstum bleibt das Ziel – und steht in diametralem Gegensatz zur erforderlichen *absoluten Reduktion des Ressourcenverbrauchs*, um zukünftigen Generationen gleiche Lebenschancen zu hinterlassen wie der gegenwärtigen. Die extreme und immer weiter steigende Rohstoffabhängigkeit bedeutet über kurz oder lang Krieg oder Krise. Während sich die EU auf globaler Ebene mit aller Macht für den rechtsverbindlichen und einklagbaren Schutz von Eigentum einsetzt, tut sie nichts Vergleichbares zum Schutz der Menschenrechte. Ein Friedensprojekt sieht anders aus.

3. Finanzbinnenmarkt – strategischer Fehler

Wenn es nach den Jüngern Hayeks ginge, wäre der Binnenmarkt »vollendet«, wenn der letzte öffentliche Energieversorger, das letzte Stadtwerk, die letzte genossenschaftliche Bank, die Spitäler und Renten vollständig privatisiert wären – ein verhängnisvoller Fehler.[3]

Teil des gemeinsamen Marktes ist ein Finanzbinnenmarkt. Die EU-Kommission legte im Mai 1999 einen Aktionsplan für Finanzdienstleistungen (FASP) vor. Von den 42 geplanten Maßnahmen waren 2005 fast alle umgesetzt. Gibt es ein schöneres Beispiel für staatlichen Regulierungseifer? Die zügige Umsetzung des Finanzbinnenmarktes zeigt eindrücklich, dass die nationalen Regierungen auch in Zeiten der Globalisierung in höchstem Maße handlungsfähig sind – allerdings nur, wenn es um die Durchsetzung bestimmter Interessen geht. Zeitgleich mit dem EU-Finanzbinnenmarkt wurde der »Weltmarkt« für Finanzdienstleistungen errichtet, in der Welthandelsorganisation WTO. Dort einigten sich die Mitgliedstaaten auf ein Abkommen über Finanzdienstleistungen, das 1999 in Kraft trat. 1994 wurde der bedingungslos freie Kapitalverkehr der EU in alle Drittstaaten im Vertrag von Maastricht verankert. Die globale Konkurrenz wird durch Gesetze politisch hergestellt. Nicht hergestellt wird eine überstaatliche Finanzmarktaufsicht, Fusionskontrolle oder Steuerkooperation. Auch wenn es verkündet wird: »Die Bankenaufsicht soll dem Zusammenbruch von Bankhäusern vorbeugen und die Anleger ebenso wie die Stabilität des Finanz- und Wirtschaftssystems insgesamt schützen«, verlautbarte die EU-Kommission bei der Ankündigung des Finanzbinnenmarkts. Krisen wurden also mitgedacht – und der Eindruck erweckt, dass Regulierungen zur Vorbeugung von Krisen mitgeplant waren. Doch auf die wesentlichen Voraussetzungen für einen Markt wurde zur Gänze verzichtet, der Finanzbinnenmarkt beinhaltet:

- keine EU-weite Finanzmarktaufsicht;
- keine Barriere gegen systemrelevante Banken;
- keine Verhinderung des »Schattenbankensektors«;
- keine Trennung von Kredit- und Investmentbanken;
- keine Zulassungsprüfung für Derivate;
- keine Einreisebeschränkung für finanziellen Giftmüll;
- keine Obergrenzen für Boni und Einkommen.

Der zuständige Kommissar Mario Monti bewarb sein politisches Meisterwerk: »Ich bin sicher, dass angesichts des neuen Bewusstseins der enormen potenziellen Vorteile, die der Finanzbinnenmarkt bietet, der Umsetzung dieses Aktionsplans höchste politische Priorität eingeräumt wird.«[4] Die »höchste Priorität« und das »neue Bewusstsein« Montis und der Kommission galten weder den Menschenrechten noch dem Klimaschutz, sondern den gewinnorientierten Banken und ihren Geschäftsmöglichkeiten. Woher kommen die »Prioritäten«? Zum Beispiel von Josef Ackermann: 1996, drei Jahre vor der großen Tat der Politiker, berichteten die Medien:»Ackermann fordert einen echten Finanzbinnenmarkt.«[5] In der *Börsen-Zeitung* schrieb Ackermann:»Finanzdienstleister aus den EU-Mitgliedstaaten müssen das Recht haben, ihre Produkte und Dienstleistungen in allen Mitgliedstaaten anbieten zu können [...] Integrationsfortschritte in Europa machen [...] alle Beteiligten im globalen Markt wettbewerbsfähiger.«[6]

Das ist vielleicht der verhängnisvollste Politikfehler: Ziel des Finanzbinnenmarktes war es, »global wettbewerbsfähige« Banken zu erschaffen. In der neoliberalen Marktlogik *musste* die EU einige »Global Player« hervorbringen – wie sonst sollten sie in der globalen Konkurrenz, die durch das WTO-Abkommen ausgelöst wurde, bestehen können? Die regionale Sparkasse oder die gemeinwohlorientierte Genossenschaftsbank waren jedenfalls nicht Adressaten der Liberalisierer – sie wurden aufgefordert, sich zu größeren Einheiten zusammenzufusionieren und in Aktiengesellschaften umzuwandeln. Bis heute macht die EU-Kommission regionalen, öffentlichen und genossenschaftlichen Banken das Leben schwer; der Globalisierungsfetisch ist hauptverantwortlich dafür, dass die einst risikoaversen und gemeinwohlorientierten Landesbanken dem schlechten Beispiel der AGs folgten.

Das Kernproblem an »global wettbewerbsfähigen« Banken wie zum Beispiel der Deutschen Bank ist: Sie sind zwingend zugleich »systemrelevant«, »too big to fail«, »too interconnected to fail«. Würden sie ohne staatliche Rettung in den Bankrott gelassen, würden sie in einer Kettenreaktion das gesamte Banken- und Finanzsystem mit in den Abgrund reißen. Die Weltwirtschaft käme zum Stillstand. Doch Systemrelevanz war das Ziel: Nur systemrelevante Riesenbanken sind global wettbewerbsfähig! Unter dem Vorwand, einen EU-Binnen- und einen Weltmarkt zu schaffen, wurden drei Grundpfeiler funktionierender Märkte abgeschafft:

- ein für alle gleich gültiges Insolvenzrecht;
- fairer Wettbewerb (Gleichbehandlung aller in der Krise);
- das Prinzip der Eigentumsverantwortung (Bankenrettung durch die EigentümerInnen).

»Freie Marktwirtschaft« ist das keine. Sondern Bankenrettungssozialismus. Der Grund für die gleichzeitige Errichtung und Abschaffung des Marktes ist, dass die ökonomisch systemrelevanten Banken auch *politisch* systemrelevant sind: Sie sind mächtiger als Parteien und diktieren der Politik die Gesetze. Nicht die Regulierer regulieren die zu Regulierenden, sondern umgekehrt: Zu große und mächtige Unternehmen sind das Ende der Demokratie.

Systemrelevante Banken sind der Kern des Problems: Sie sind die Hauptauslöser der Finanzkrise von 2008, in deren Zentrum die Entwicklung undurchschaubarer Immobilienderivate stand; sie sind der Gegenstand der billionenschweren Bankenrettung, die die öffentlichen Haushalte, welche sich auf dem Weg der Sanierung befanden, weltweit in eine schwere Krise stürzte; und sie sind der Hauptgrund dafür, dass heillos überschuldete Staaten nicht in die Insolvenz gehen können – es käme zu fatalen globalen Kettenreaktionen. Dies alles war stets bekannt.

4. Fehlkonstruktion der Währungsunion

So kurios das klingt: Der Euro scheitert also allein schon am EU-Finanzbinnenmarkt und den daraus hervorgegangenen systemrelevanten Banken. Die neoliberale Konstruktion der EU lässt den Euro nicht gedeihen, sondern sprengt ihn. Der Euro würde nur funktionieren, wenn neben der Währungspolitik auch weitere Bereiche der Wirtschaftspolitik vergemeinschaftet oder zumindest koordiniert würden: Finanzpolitik (Aufsicht, Regulierung), Lohnpolitik (Handelsbilanz), Steuerpolitik (Staatshaushalt) und Konjunkturpolitik (öffentliche Investitionen). Wenn nicht, kommt es zu:

- systemischer finanzieller Instabilität mit gefährlichen Auswirkungen auf die öffentlichen Haushalte;
- Standortwettbewerb und Handelsungleichgewichten (Leistungsbilanzdefizite und -überschüsse);
- Steuerwettbewerb und defizitären Staatshaushalten;
- unterschiedlichen Realzinssätzen in Ländern mit unterschiedlichen Inflationsraten und Kreditblasen.

Das Dilemma: Die Koordinierung so vieler Bereiche der Wirtschaftspolitik auf EU-Ebene brächte einen markanten Souveränitätsverlust der Mitgliedstaaten mit sich. Die Voraussetzung für einen solch gewaltigen Integrationsschub wäre deshalb ein noch größerer Demokratieschub in der EU. Sonst läge viel zu viel Kompetenz in viel zu wenigen Händen, und die Machtkonzentration in Brüssel würde das Projekt Europa, seine Akzeptanz und Legitimität, weiter gefährden. Von einem Demokratisierungsschub ist die EU jedoch so weit entfernt wie der gegenwärtige Kapitalismus von Gemeinwohl-Orientierung.

Auf der anderen Seite hat der Euro mittelfristig keine Überlebenschance, wenn sich die Kooperation auf die Ebene der Währungspolitik beschränkt und die restlichen Felder der Wirtschaftspolitik in nationalstaatlicher Souveränität verbleiben – ein veritables Dilemma, das kaum jemand so klar auf den Punkt gebracht hat wie Wilhelm Hankel: »Erst kommt der gemeinsame Staat und dann die gemeinsame Währung. Nicht anders herum.«[7] Die »Währung ohne Staat« führt zu einer Reihe von unschönen – und unlösbaren – Problemen:

1. *Finanzielle Instabilität.* Wenn die Mitgliedstaaten einer Währungsunion ihre (Finanz-)Märkte nicht gemeinsam beaufsichtigen und sich nicht vor der Ansteckung mit globalen Finanzkrisen schützen durch die Einschränkung des Kapitalverkehrs, sind sie Krisen und Kettenreaktionen schutzlos ausgeliefert. Das hat sich in der Immobilienderivatekrise sehr eindrucksvoll gezeigt. Der Finanzmüll konnte dank des freien Kapitalverkehrs ungehindert in die EU einreisen und führte zu Bankenrettungen in allen Euro-Staaten. Zusammen mit der krisenbedingten Rezession haben diese die öffentlichen Haushalte in eine gefährliche Schieflage gebracht, welche sie zu Spekulationsobjekten der Finanzmärkte gemacht hat. Doch dass Staaten gegen sich spekulieren lassen, ist ihre bewusste politische Entscheidung. Die Euro-Mitgliedstaaten finanzieren sich über Anleihen auf den globalen Finanzmärkten, sie lassen Märkte das Zinsniveau für ihre Schulden bestimmen und sie verwenden das Rating privater Agenturen für gesetzliche Anlage- und Bankenvorschriften. Der Angriff der Finanzmärkte auf Staaten kann nur stattfinden, weil die Staaten alle Angriffswaffen legalisieren oder ihnen diese sogar in die Hand geben.

2. *Steuerwettbewerb.* Der Verzicht auf eine Koordinierung der Steuerpolitik in den Binnenmarkt-relevanten Bereichen: Finanztransaktionen, Gewinne von Kapitalgesellschaften, Vermögen und Spitzeneinkommen führt a) dazu, dass die Binnenmarktgewinne(r) in keinem Land mehr angemessen besteuert werden, weil dies mögli-

cherweise zur Abwanderung der Betroffenen in Länder mit geringeren Steuersätzen (die gibt es immer!) führen würde. Die Drohung allein wirkt schon. Um b) die Staatsausgaben nicht rapid absenken zu müssen, sind viele Staaten zur Strategie übergegangen, Steuern, die ursprünglich auf Vermögen und Spitzeneinkommen erhoben wurden, nunmehr auf den fluchtunfähigen Mittelstand zu verlagern.[8] In der Folge kommt es zwar nicht überall zu einer nennenswerten Erosion der Staatsaktivitäten, aber zu einer immer ungerechteren Finanzierung derselben. Verschärfend werden in vielen Staaten öffentliche Leistungen seit rund fünfzehn Jahren radikal gekürzt – nicht erst infolge der Krise, sondern schon zuvor als Konsequenz des Steuerwettbewerbs, der von den Konstrukteuren der EU bewusst ausgelöst wurde. Eine moderate Besteuerung von Vermögen, Finanztransaktionen, Konzerngewinnen und Kapitaleinkommen hätte bequem ausgereicht, allen Euro- und EU-Mitgliedstaaten über den Konjunkturzyklus ausgeglichene Haushalte zu ermöglichen und damit eine wichtige Ursache für die Staatsschuldenkrise zu vermeiden. Die Staatshaushalte waren die längste Zeit nur geringfügig im Minus, durch die Krise sind die Defizite explodiert, in Irland auf bis zu dreißig Prozent der Wirtschaftsleistung.

3. *Handelskrieg.* Deutschland hat in den letzten Jahren die Löhne langsamer erhöht als die Produktivität, das hat die deutschen Produkte relativ verbilligt und Deutschland wettbewerbsfähiger gemacht – nicht nur die »Leistung« ist für den Exportweltmeister verantwortlich, sondern auch die ungerechte Verteilung. Diejenigen, die die höhere Produktivität erarbeitet haben, sind dafür nicht mit steigenden Realeinkommen belohnt worden – im Unterschied zu anderen Ländern wie Griechenland, wo die Einkommen stärker mit der Produktivität mit gestie-

gen sind, was die griechischen Produkte relativ verteuert hat. Griechenland hat also in den letzten fünfzehn Jahren an Wettbewerbsfähigkeit verloren, weil es gerechter verteilt hat als Deutschland, nicht weil die Produktivität langsamer gestiegen wäre. Im Gegenteil: Die Produktivität stieg in Griechenland zwischen 1999 und 2009 schneller als in Deutschland![9] Die Unfairen bereichern sich auf Kosten der Faireren, weil sich im Freihandel die deutschen Unternehmen mit den billigeren Produkten gegen die griechischen Unternehmen mit den teureren Produkten (relativ) durchsetzen und damit Arbeitsplätze bei deutschen Unternehmen geschaffen und bei griechischen zerstört werden. Das wiederum belastet den griechischen Staatshaushalt mehrfach, weil a) weniger Lohn- und Gewinnsteuern eingenommen werden und b) die Staatsausgaben für Arbeitslosigkeit und andere Sozialleistungen ansteigen. Der Standortwettbewerb ist ein Handelskrieg mit Gewinnern und Verlierern. Seit der Euro-Einführung hat Deutschland den Handelskrieg gegen Griechenland gewonnen. Das ist der Kern der »griechischen Tragödie«.

4. *Kreditblasen.* Wenn es – wie in der Eurozone – einen einheitlichen Leitzinssatz gibt und Geschäftsbanken diesen »Refinanzierungszinssatz« an ihre KreditnehmerInnen weitergeben, sind Kredite in Ländern mit hoher Inflation real billiger als in Ländern mit niedriger Inflation. Ein Beispiel: Liegt die Inflation in Deutschland bei einem Prozent und kostet ein Kredit fünf Prozent, so beträgt der reale Zinssatz vier Prozent. Er ist höher als die Wachstumsrate von 1,5 Prozent. Für viele Unternehmen lohnt es sich deshalb nicht, Kredite aufzunehmen: Die Geldpolitik wirkt in Deutschland restriktiv. Beträgt die Inflation wie in Spanien vier Prozent, so ist der Realzins nur ein Prozent, und wenn die Wirtschaft um drei Prozent wächst, gibt es einen star-

ken Anreiz, Kredite aufzunehmen: ein Mitgrund für die besonders pralle Kreditblase in Spanien.

Diese Fehlentwicklungen rund um den Euro könnten nur durch eine gemeinsame Finanz-, Lohn-, Steuer- und Konjunkturpolitik – eine vergemeinschaftete Wirtschafts- politik – ausgebügelt werden. Abgesehen vom schon ange- schnittenen Demokratieproblem einer weiteren Zentrali- sierung bietet der gegenwärtige Vertrag dafür jedoch keine Grundlage. Für einen »Staat mit Währung« müssten die EU-Verträge neu geschrieben werden – kein sehr wahr- scheinliches Szenario nach den verheerenden Erfahrun- gen rund um Verfassungs- und Lissabon-Vertrag.

Was dafür spräche: In der Krisenpanik haben die Regie- rungen die Verträge ignoriert und seriellen Vertragsbruch begangen. Um ihr Handeln wenigstens im Nachhinein zu legitimieren, müssten die Verträge ohnehin geändert wer- den. Zur Abrundung der Analyse werfen wir einen Blick auf die geltenden EU-Verträge.

5. Der Vertrag von Lissabon: undemokratisch und nichtig

Demokratie und Sozialstaat sind die herausragenden Kennzeichen der europäischen Nachkriegsgeschichte. Sie gelten als Garanten des sozialen und politischen Friedens: Länder mit gerechter Verteilung wahren leichter ihren in- neren Frieden und Demokratien führen seit 1816 keine Kriege gegeneinander.[10] Dennoch lassen die EU-Verträge beides schmerzlich vermissen:

- Es gibt keine Selbstverpflichtung zur Abrüstung.
- Es gibt keine Bindung militärischer Auslandsmissionen an ein UN-Mandat.
- Es gibt keine für alle verbindlichen Grundrechte.
- Es gibt keine europäische Sozialversicherung.
- Es gibt keine öffentlichen Güter auf EU-Ebene.

- Es gibt weder Mindest- noch Höchstlöhne.
- Es gibt keine gemeinsamen Steuern auf Finanztransaktionen, Kapitaleinkommen oder Vermögen.
- Der EU-Haushalt beläuft sich auf ein mickriges Prozent der EU-Wirtschaftsleistung.

Sollten Sozialstaat und Demokratie tatsächlich die entscheidenden Erkennungsmerkmale der EU sein, dann sind die Verträge gründlich an diesen Zielen vorbeigeschrieben worden. Wer hat die Verträge verfasst? Die Antwort erklärt zum Teil das Problem: nicht die Menschen, die im »Haus Europa« gemeinsam wohnen, sondern ihre VertreterInnen. Und nicht einmal ihre direkt gewählten VertreterInnen in den Parlamenten, sondern allen voran die nationalen Regierungen.

Ist das demokratisch? Man könnte argumentieren: Bis zu einer gewissen Integrationstiefe, solange sich die Europäische Gemeinschaft auf wenige Politikbereiche und Abkommen beschränkt, müssen die BürgerInnen nicht zwingend die Verträge verfassen oder abstimmen. Obwohl: Muss nicht schon bei der leisesten Abgabe von Souveränität dies der Souverän entscheiden? Ohne Zweifel hat dies der Fall zu sein, wenn die Verlagerung von Souveränitätsrechten umfassend wird wie spätestens seit dem Vertrag von Maastricht. Hier hätten die Regierungen die Souveräne einbinden und sie zu den »Herren und Frauen der Verträge« machen müssen. In einem Bundesstaat muss die »instituierende Gewalt« (die das Grundgesetz schreibt) eine andere sein als die »instituierte Gewalt« (die amtierende Regierung).

In der EU ist das anders. Die Regierungen haben zwar einen Konvent installiert, dessen Mitglieder aber selbst bestimmt – als wären *sie* der Souverän. Dieser Konvent war zutiefst undemokratisch, wie wir noch sehen werden. So auch sein Ergebnis, das vier Souveränen zur Abstimmung vorgelegt wurde. Nachdem zwei davon gegen den Verfassungsvertrag gestimmt hatten (der französische und der holländische), modifizierten die Regierungen den Vertrag – ohne Konvent – minimal, deklarierten ihn als normalen »Vertrag«, um ihn nun ohne Volksabstimmungen durchdrücken zu können.

Halt, da war noch Irland! Dort *musste* aufgrund der Verfassung über den Lissabon-Vertrag abgestimmt werden. Die IrInnen sagten als dritter Souverän »nein«. Doch die Regierungen ließen sich auch davon nicht beirren – unter hoher Druckausübung und mittels Drohungen musste die irische Bevölkerung ihre Abstimmung wiederholen – bis ein Ja erpresst wurde. Damit galt der Lissabon-Vertrag von allen 27 Souveränen als angenommen: Das ist Demokratie in Europa. Entsprechend ist der Inhalt der Verträge. Er spiegelt nicht die Werte, Bedürfnisse und Interessen der Menschen wider, sondern der Regierungen, Großparteien und ihrer Financiers.

Der Gipfel dieser Entwicklung: Kaum war der Lissabon-Vertrag in Kraft (seit 1. Dezember 2010), da begannen – die Regierungen – ihn seriell zu brechen. Wem die Demokratie nichts gilt, der hat offenbar auch für den Rechtsstaat wenig übrig. Gleich siebenmal haben die Regierungen die aktuellen Verträge gebrochen:[11]

1. Regierungen dürfen einander nicht mit Finanzhilfen stützen (Art. 125 VAEU[12]). Die EU-Rettungsschirme wurden genau zu diesem Zweck aufgespannt.

2. Milliardenunterstützungen für Industriekonzerne und Banken verstoßen gegen das Beihilferecht (Art. 107 VAEU).

3. Sie verletzen gleichermaßen das Wettbewerbsrecht: Den einen wird geholfen, den anderen nicht (Art. 106 VAEU).

4. Der Europäischen Zentralbank ist es verboten, Staatsanleihen zu kaufen (Protokoll Nr. 4, Art. 21). Sie kauft sie in dreistelliger Milliardenhöhe.

5. Die EU-Kommission hat kein eigenes Budget, sie »führt

den Haushalt [nur] aus« (Art. 17 VEU[13]). Auf welcher Grundlage beteiligt sie sich mit sechzig Milliarden Euro am Rettungsschirm?

6. Das Defizit der Euro-Staaten darf drei Prozent nicht übersteigen (Art. 126 VAEU und Protokoll Nr. 12). 2010 betrug das durchschnittliche Defizit in der gesamten Eurozone 6,1 Prozent.[14]

7. Die Staatsschuldenquote der Euro-Staaten darf sechzig Prozent nicht übersteigen (Art. 126 VAEU und Protokoll Nr. 12). 2010 belief sie sich auf 85,4 Prozent.[15]

Dieser siebenfache Vertragsbruch durch die Regierungen ist weder Gegenstand von Strafverfolgung, noch wird er überhaupt aufgeregt diskutiert. Die Frage ist: Wenn sich die Regierungen nicht an die Verträge halten, warum soll es irgendjemand sonst tun? Gilt das Rechtsstaatsprinzip noch, wenn die Regierungen es mit den Füßen treten?

Wenn die Verträge nicht eingehalten werden und Vertragsbruch nicht geahndet wird, ist der Rechtsstaat am Ende. Der Lissabon-Vertrag ist nichtig. Die Euro-Krise ist eine fundamentale Krise der EU.

Anmerkungen

1 HAYEK (2004).
2 Jörg HUFFSCHMID: »Mailand, Maastricht, Lissabon. Das Scheitern der neoliberalen Integrationsstrategie«, in: ATTAC ÖSTERREICH (2006), 72–92.
3 REIMON / FELBER (2003).
4 Presseaussendung der EU-Kommission, 11. Mai 1999. Im Web: http://europa.eu/rapid/pressReleasesAction.do?reference=IP/99/327&format=HTML&aged=1&language=DE&guiLanguage=en
5 News.ch, 24. Juni 2006.
6 Börsen-Zeitung, 24. Juni 2006.
7 Frankfurter Rundschau, 11. Februar 2009.
8 HERRMANN (2010).

9 EU-Kommission/EUROSTAT, eingesehen auf
http://portal.wko.at/wk/format_detail.wk?AngID=1&StID=
357357&DstID=17

10 Sven Chojnacki: »Demokratien und Krieg. Das Konfliktver-
halten demokratischer Staaten im internationalen System,
1946–2001«, discussion paper, Wissenschaftszentrum Berlin
für Sozialforschung, Juli 2003.

11 Vgl. LORDON (2009).

12 Vertrag über die Arbeitsweise der Europäische Union (2. Teilvertrag des Lissabon-Vertrags).

13 Vertrag über die Europäische Union (1. Teilvertrag des Lissabon-Vertrags).

14 EU-Kommission, eingesehen auf http://portal.wko.at/wk/
format_detail.wk?AngID=1&StID=357357&DstID=17

15 Ebd.

II. Offizielle Strategien retten den Euro nicht

Für die akute Euro-Krise, für den Umgang mit Staatsschulden, gibt es systematisch betrachtet vier Lösungen:

A. die Schulden werden von anderen teilweise oder ganz übernommen (Rettungsschirm);
B. die Schulden werden teilweise oder ganz gestrichen (Haircut, Insolvenz);
C. die Schulden werden gezielt inflationiert;
D. die Schulden werden zurückgezahlt (über EU-weite Steuern).

Die direkteste und gerechteste Lösung wäre eine Staatsinsolvenz, in der Geschichte nichts Neues. Doch in Zeiten systemrelevanter Banken geht das nicht so einfach oder gar nicht, was im Folgenden ausführlich begründet wird. Die von den Regierungen gewählte Lösung, die teilweise Übernahme der Schulden durch andere, löst nicht nur das Problem nicht, sondern weitet es auf die gesamte Eurozone aus und zieht – früher oder später – die Eurozone als Ganze in die Insolvenz. Die dritte Möglichkeit, Inflation, wird kaum Begeisterung hervorrufen, gewinnt aber – leider – zunehmend an Wahrscheinlichkeit: Im besten Fall führt er zur Entwertung aller Ersparnisse; im schlechtesten zu einer Währungsreform, zu D-Mark und Schilling. Der vierte Weg wäre die Tilgung der Schulden über EU-weite Steuerkooperation. Diese Lösung wird jedoch von den Regierungen boykottiert, denn sie setzt einen Tabubruch voraus: die Besteuerung der Vermögenden. Es scheint, dass die politische Elite lieber den Euro und vielleicht auch die EU auseinanderbrechen lässt – und damit den Vermögenden vermutlich viel mehr schadet –, als dieses Tabu zu brechen. Wir gehen die Rettungsvarianten der Reihe nach durch.

1. Vergrößerung des Rettungsschirms

»Rettungsschirm« ist eine kuriose Metapher. Denn ein solcher wird in der Realität jemandem umgeschnallt, die/der sonst im freien Fall am Boden aufprallen würde, hat aber sonst keine Auswirkungen auf Dritte. Selbst wenn die Rettung nicht glückt, weil zum Beispiel der Schirm reißt, verunglückt nur diejenige Person, die gerettet werden sollte – alle anderen bleiben heil. Ein *finanzieller* Rettungsschirm kann hingegen die RetterInnen mit in die Tiefe reißen. Davon abgesehen wird ein Fallschirm weder »aufgespannt«, noch »beschirmt« er irgendjemanden: Die Metapher hinkt.

Bei der Rettung der Problemländer wiederholen die EU-Staaten ihre Lieblingsnummer: die »Lösung« des Problems durch die Erhöhung von Staatsschulden. Die Uraufführung dieser Strategie erlebten wir bei der Bankenrettung 2008 (*Runde 1*). Private Schulden wurden kurzerhand vergesellschaftet. Beispielsweise erhielt die zu hundert Prozent private Hypo Real Estate von den deutschen SteuerzahlerInnen Haftungen über rund 130 Milliarden Euro sowie direkte Zuschüsse von rund zwanzig Milliarden Euro. In manchen Fällen werden die Eigenkapitalbeteiligungen zurückgezahlt, in manchen Fällen bleiben sie unverzinst, in manchen Fällen erhöht sich schlicht die betreffende Staatsschuld. In vielen Fällen sind die Garantien unverändert aufrecht, so garantierten die österreichischen SteuerzahlerInnen Mitte 2011 für Emissionen der Erste Group Bank AG im Wert von 2,5 Milliarden Euro, für Emissionen der Raiffeisen Bank International AG mit 2,75 Milliarden Euro sowie für Emissionen der Österreichischen Volksbanken-AG mit drei Milliarden Euro.[1]

Die ersten Rettungsschirme waren (und sind) Bankenauffangschirme. Dieselbe Methode wandten die Regierungen auf den ersten Staat an, der von Zahlungsunfähigkeit bedroht war. Das Rettungspaket für Griechenland

(*Runde 2*) war eine bilaterale Hilfe von befreundeten Nationalstaaten. Denn den EU-Staaten ist es, wie schon erwähnt, verboten, sich gegenseitig finanziell unter die Arme zu greifen, das verbietet Artikel 125 VAEU. Doch Papier ist geduldig, bald nach der bilateralen Hilfe wurde die »Europäische Finanzstabilisierungsfazilität« (EFSF) geschaffen: der erste EU-Rettungsschirm für Griechenland & Co. (*Runde 3*). Doch dieser Schirm war alsbald zu klein – ein Teil des Geldes muss als Sicherheit hinterlegt werden, damit der Rest die Höchstnote »AAA« erhält – und wurde aufgestockt auf 440 Milliarden Euro »netto«. Deutschland haftet allein für diesen Schirm mit bis zu 400 Milliarden Euro[2], Österreich mit bis zu vierzig Milliarden.[3] Das war bereits die *Runde 4* in der Staatsschuldenausweitung. Und das ist noch nicht das Ende: Auf Empfehlung der EZB forderte EU-Kommissionspräsident Manuel Barroso kurz nach Beschluss von *Runde 4* eine neuerliche Erweiterung auf 1,5 Billionen Euro.[4]

Aus nachvollziehbaren Gründen: 440 Milliarden Euro reichen – vorläufig – für Griechenland, Irland und Portugal (je rund 100 Milliarden), aber für kein größeres Land wie Spanien oder Italien. Würde Spanien ein – gemessen an seiner Wirtschaftsleistung – gleich großes Rettungspaket in Anspruch nehmen wie Griechenland, Portugal oder Irland, wären das 700 bis 800 Milliarden Euro, im Falle Italiens rund 900 Milliarden Euro. Der überspannte Schirm würde reißen oder müsste vergrößert werden. Weitere Vergrößerungen gehen aber nicht ewig: Die »starken« Länder können die Schwachen bis zu einer gewissen Belastungsgrenze mittragen, irgendwann versinken alle gemeinsam. Das Rettungsschirmaufspannen führt tendenziell in die *Gesamtinsolvenz der Eurozone*.

Auch wenn der Tod schleichend kommt. Der vergrößerte Rettungsschirm erhielt vorerst eine ganze Reihe zusätzlicher Kompetenzen: Er darf Staatsanleihen sowohl direkt bei der Auktion auf dem »Primärmarkt« als auch auf dem Sekundärmarkt von anderen InhaberInnen aufkaufen. (Zweiteres bedeutet, dass privaten Gläubigern, die nicht mehr an die Rückzahlung dieser Schuldentitel glauben, die Last abgenommen wird: Auch auf diesem Wege werden also private Verluste sozialisiert.) Außerdem darf er Banken direkt »refinanzieren«, das heißt mit Eigenkapital versorgen. Damit wird das oft vermutete Motiv hinter dem Euro-Rettungsschirm, er sei ein weiterer indirekter Rettungsschirm für Banken, zu seiner expliziten Aufgabe. (Im September 2011 hielten Europas wichtigste Banken immer noch knapp hundert Milliarden Euro griechische Staatsanleihen.[5]) Für systemrelevante Banken gibt es damit neben den nationalen Rettungsschirmen jetzt zusätzlich eine EU-weite öffentliche Gratis-Bankenversicherung. Der IWF befürchtete Mitte 2011, dass der Rekapitalisierungsbedarf großer europäischer Banken (aufgrund von Abschreibungen maroder Staatsanleihen) bis zu 300 Milliarden Euro betrage und dass diese Mengen »nicht von privaten Kapitalgebern allein« gestemmt werden können.[6] Erneut kommen also die SteuerzahlerInnen zum Handkuss. Dorothea Schäfer vom Deutschen Institut für Wirtschaftsforschung hat ausgerechnet, dass allein die zehn größten deutschen Banken 127 Milliarden Euro bräuchten, um die Eigenkapitalquote auf nur fünf (!) Prozent anzuheben.[7] Die große Bankenrettung steht offenbar erst bevor.

Auf dem EU-Gipfel Ende Oktober 2011 wurde Barrosos Hebel-Forderung beschlossen. Größenordnungen zwischen einer und zwei Billionen Euro sind in Diskussion. Zu Redaktionsschluss kursierten noch zwei von fünf »Hebel«-Varianten: 1. Die EFSF garantiert neu emittierte Staatsanleihen zu zwanzig Prozent. Dadurch würden manche Private es wagen, diese zu kaufen, weil sie bei einem Haircut von nur zwanzig Prozent »eben« ausstiegen. Diese Variante wäre eine Verfünffachung des für teilgarantierte

Staatsanleihen eingesetzten Kapitals, aber keine Verfünffachung des gesamten EU-Rettungskapitals. 2. Öffentliche und private Gläubiger tun sich zusammen und bilden eine Art »Public Private Partnership« bei der Finanzierung von Staaten. Viel Glück!

Die Alternative zur Hebelverstärkung ist eine neuerliche Ausweitung der Rettungsschirm-Substanz. Und Schirm-*Runde 6* ist längst auf Schiene: Ab Juni 2013 soll die EFSF in den permantenten Stabilitätsmechanismus ESM umgewandelt werden. Wie erwähnt, würde das Grundkapital dieses Dauerschirms 700 Milliarden Euro betragen, doch kann das Grundkapital geändert werden, wenn das Töpfchen für all die zu Rettenden zu klein wird. Das sieht der Vertragsentwurf vor. Fraglich ist, ob es zu diesem Schirm-Topf kommt. Denn ohne Änderung der EU-Verträge wird ein Dauermechanismus kaum durchgesetzt werden können, und Vertragsänderungen sind nur noch unter weitgehender Ausschaltung der Demokratie möglich.

Tränengas bringt keine Lösung – Sparen führt in die Rezession

Davon unbeeindruckt erwecken die (EFS-, EFSF-, ESM-) Schirmherren und -frauen den Eindruck, der Schirm brächte die »Lösung« der Schuldenkrise. Selbst ein erfahrener Banker wie Raiffeisen-Kaiser Christian Konrad meinte: »Der Euro-Rettungsschirm ist ein wichtiges Instrument für die Sanierung der öffentlichen Haushalte in Europa.«[8] Doch durch den Schirm allein verringert sich die Staatsschuld keines der beschirmten Länder auch nur um einen Cent. Im Gegenteil: Der Schirm besteht seinerseits aus Krediten und erhöht somit nicht nur die Staatsschulden derer, die unter den Schirm schlüpfen, sondern auch jener, die ihn aufspannen.

Die AufspannerInnen verlangen von den SchirmanschnallerInnen die Umsetzung harter Maßnahmen: sparen, sparen, sparen – und dazu Privatisierungen. Doch Sparen hat noch kein Land aus der Rezession geholt, im Gegenteil: Geht es einem Patienten schlecht, wird es nicht viel bringen, die Nahrungs- oder Sauerstoffzufuhr zu drosseln. Bei Griechenland wurde das neben anderen von mir vorhergesagt, und die Prognose ist eingetroffen: 2010 schrumpfte Griechenland infolge der neoliberalen »Verschlimmerungskur« um 4,5 Prozent (EU: plus 1,8 Prozent), für 2011 erwartet die Regierung einen noch deutlicheren Rückgang des BIP von über fünf Prozent (EU: plus 1,9 Prozent).[9] Auch 2012 soll die Rezession fortdauern. Im ersten Halbjahr 2011 beschleunigte sich die Schrumpfung auf 7,7 Prozent.[10]

Dass ein Sparprogramm in der Krise in die Rezession führt, wird jetzt langsam auch einigen konservativen PolitikerInnen klar: »Durch Sparen allein hat man noch nie Schulden reduziert«, meint etwa EVP-Vorstandsmitglied Elmar Brok.[11] Das Unappetitliche an dieser Rosskur: Den GriechInnen wird die Verantwortung für ihre missliche Lage in die Schuhe geschoben, am penetrantesten von denen, die sich durch aggressive Exportpolitik auf Kosten Griechenlands Wettbewerbsvorteile verschafft haben. In Deutschland wird das Klischee genährt, dass die »fleißigen« Deutschen die »faulen« GriechInnen mitfinanzieren. »Warum zahlen wir den Griechen ihre Luxusrenten?«, titelte die *Bild-Zeitung*.[12]

Noch unappetitlicher wird die Sündenbock-Rhetorik vor dem Hintergrund, dass Deutschland vor nicht einmal sechzig Jahren von 22 Staaten, darunter Griechenland, seine (Kriegs-)Schulden erlassen wurden. Im Londoner Schuldenabkommen von 1953 wurden Deutschland fünfzig Prozent seiner Schuld erlassen.[13]

Der nicht erlassene Teil der Reparationszahlungen wurde ebenso wenig zurückgezahlt wie aufgenötigte Zwangskredite. Der französische Ökonom Jacques Delpla berechnet die akkumulierte Kriegsschuld Deutschlands gegenüber Griechenland auf 575 Milliarden Euro.[14] Griechenland verlor im Zweiten Weltkrieg dreizehn Prozent seiner Bevölkerung, in absoluten Zahlen mehr als die USA und Großbritannien zusammen.[15] Anstatt aber beide Seiten der Beziehung anzusehen, wird die Schuld einseitig den GriechInnen angelastet. Besonders die »kleinen Leute« in Griechenland müssen büßen:

- RentnerInnen, die ohnehin magere Renten bekommen;
- die Mehrwertsteuer wurde in zwei Stufen von 19 auf 23 Prozent angehoben. Für die Unter- und Mittelschicht, die ihr gesamtes Einkommen verkonsumiert, bedeutet allein diese Maßnahme einen Einkommensverlust von vier Prozent;
- Staatsbediensteten wurden die Gehälter oft um zwanzig Prozent gekürzt: Verdiente zum Beispiel ein/e MittelschullehrerIn nach dreißig geleisteten Dienstjahren vor der Krise 1800 Euro monatlich, so schrumpfte dieses Einkommen auf nunmehr 1500 Euro pro Monat;
- laut Medienberichten plant die griechische Regierung die Entlassung von 200 000 der 700 000 öffentlichen Bediensteten[16] – Massenarbeitslosigkeit wäre die Folge; die Arbeitslosenrate schnellte bereits von 7,7 Prozent 2008 auf über 15 Prozent 2011;
- die Allgemeinheit wird ihres Eigentums an Eisenbahnen, Häfen und sogar des Staatsterritoriums beraubt. Der Präsident des Instituts für Wirtschaftsforschung in Halle, Ulrich Blum, fordert »die Veräußerung von Staatseigentum bis hin zu ganzen Inseln«.[17]

Auch wenn es Korruption und Privilegien gegeben haben mag – wo denn nicht? –, lenkt dies von der viel schlimmeren Tatsache ab, dass zahllose Menschen, die weder die Krise auf den Finanzmärkten ausgelöst noch das deutsche Lohndumping zu verantworten haben, jetzt die Suppe auslöffeln und schmerzliche Einschnitte hinnehmen müssen.

Jederzeit können die Proteste in schlimmere Unruhen umschlagen. Tränengas als Antwort auf die berechtigten Proteste löst das Problem genauso wenig wie der Appell des britischen Premierministers David Cameron, die sich abreagierenden Jugendlichen in London & Co. mögen mehr »Moral und Disziplin« zeigen. Weltfremder könnte ein Regierungschef die Lage nicht interpretieren. Wer so krass an der Realität vorbeiblickt, macht sich mitschuldig an noch viel schwereren Zeiten, die auf uns alle zukommen werden. Tränengas löst kein einziges Problem.

2. Ausscheiden Griechenlands aus der Eurozone

Manche Kommentatoren des politischen Geschehens gehen noch einen Schritt weiter und fordern den Hinauswurf Griechenlands aus der Eurozone. Die Ökonomen Fuest, Franz, Hellwig und Sinn schreiben bereits 2010 in ihren »10 Regeln zur Rettung des Euro«: »Der Austritt des betroffenen Landes aus dem Euro-Verbund sollte durch mehrheitlichen Beschluss der Euroländer ermöglicht werden.[18] »Austritt und Ausschluss müssen möglich werden«, meinen auch hundert Familienunternehmen.[19] Aggressiver der Boulevard: »Jetzt reicht's. Griechen raus!«, fordert die *Kronenzeitung*.[20]

Ein Hinauswurf wäre EU-vertragswidrig, allerdings wäre das bereits der achte Vertragsbruch und somit nur eine weitere Kerbe im Holz der Regierungen. Mit dem Lissabon-Vertrag gibt es aber immerhin die Möglichkeit, dass Griechenland freiwillig geht – aus der EU, nicht aus der Eurozone.[21] Folgende ökonomische Konsequenzen wären zu erwarten:

1. Griechenland würde auf ungewisse Zeit von den internationalen Finanzmärkten geschmäht, was seine Außenfinanzierung unterbinden würde. Russland musste

nach dem Crash 1998 bis zum Jahr 2010 warten, bis es von den internationalen Märkten wieder Geld bekam.[22]

2. Möglich wäre noch Innenverschuldung (»Modell Japan«). Die Frage ist allerdings, bei wem: Ein Haircut bei Staatsanleihen um zum Beispiel fünfzig Prozent würde das gesamte griechische Bankensystem in den Bankrott stürzen, denn kein EU-Rettungsschirm würde sie auffangen. Einige Banken halten fünfmal mehr Staatsanleihen, als sie Eigenkapital besitzen – sie müssten verstaatlicht werden. Ob das wiederum die Spareinlagen der GriechInnen schadlos überstehen würden, ist fraglich. Seit Anfang 2010 hat bereits ein kontinuierlicher Kapitalabfluss begonnen – quasi ein »Bankenwalk« oder Bankenrun im Zeitlupentempo. Wer aber wird nach einem EU-Austritt Gläubiger Griechenlands, wenn nicht die GriechInnen? Der reiche Onkel China ist Kapitalist, nicht Samariter.

3. Bei einer Rückkehr Griechenlands zur Drachme würde der Wechselkurs mit Sicherheit abstürzen. Eine Abwertung um fünfzig Prozent würde die Euro-Schuld jedoch gleich groß belassen. Deshalb wäre eine Streichung der Euro-Schulden von annähernd hundert Prozent nötig, um auf ein tragfähiges Schuldenniveau zu kommen. Ein Kahlschnitt bei griechischen Staatsanleihen wäre für deutsche, französische und andere Gläubigerbanken bzw. die diversen Rettungsschirme vielleicht noch verkraftbar, nicht mehr jedoch der Ausfall von spanischen oder italienischen Staatsanleihen ... Auch dieser Weg weist somit in Richtung *Gesamtinsolvenz der Eurozone*.

4. Genau ein solcher Dominoeffekt dräut: Sobald ein Land aus der Eurozone ausscheidet, beginnt auf den Finanzmärkten wie auf Knopfdruck eine mörderische Hetzjagd auf den nächsten Austrittskandidaten. Mit vier Angriffswaffen: Benotung durch die Ratingagenturen, Zinskeule der Märkte (»Risikoaufschlag«), Handel mit

gedeckten und ungedeckten Staatsanleihe-Ausfallversicherungen CDS sowie dem Streuen von Gerüchten. In Summe ein beachtliches Arsenal der »Märkte«, das ihnen die Regierungen auch drei Jahre nach Ausbruch der Krise immer noch anstandslos überlassen – die systemrelevanten Akteure haben die Politik fest im Griff.

5. Die Märkte werden jagen, solange sie jagen dürfen. Und die Jagd endet erst mit dem Erlegen des größtmöglichen Wilds: Euro und US-Dollar. Soweit braucht es gar nicht zu kommen: Sobald ein größeres Land erlegt ist – Italien, Frankreich oder Spanien –, ist es aufgrund mehrfacher Kettenreaktionen bereits zu Ende. Denn wenn die Mittelmeerländer in die Insolvenz schlittern, fallen ja nicht nur Staatsanleihen aus, sondern auch die Schulden, die griechische, italienische und andere Banken in den starken Euroländern haben, sowie Privatkredite von Unternehmen und Haushalten in der nachfolgenden Rezession. All das verstärkt die von den Krisenländern ausgehenden Insolvenzwellen und macht die Gesamtinsolvenz der Eurozone wahrscheinlicher.

Die Befürchtung, dass ein Hinausmobben von »Sündern« keine Lösung, sondern das Ende bringt, ist weit verbreitet. »Ein Austritt wäre der komplette Bankrott Griechenlands«, sagt Thomas Straubhaar, Präsident des Hamburgischen Weltwirtschaftsinstituts. Das Bankensystem würde zusammenbrechen, die Bürger würden Vermögen außer Landes schaffen, niemand würde Athen mehr Geld leihen, das Land könnte Importe und Energie nicht mehr bezahlen. Eine gewaltige Rezession wäre die Folge. »Griechenland würde ein Dritte-Welt-Land werden«, warnt der dänische Ökonom Jacob Kirkegaard.[23]

Ganz anders sieht es Max Otte von der Fachhochschule Worms: »Längerfristig sehe ich als einzige Lösung für das Land die Rückkehr zur Drachme.«[24] Der entscheidende Vorteil für Griechenland wäre, dass seine Wettbewerbsfähigkeit mit einem Schlag wiederhergestellt würde und das horrende Leistungsbilanzdefizit in ein Plus drehen könnte. Ob dieser Vorteil allerdings ausreichen würde, um das Land aus der Rezession und dem Misstrauen der Märkte zu holen, ist fraglich. Die Zeichen deuten eher auf langwierige Depression.

Deutschland würde von der Abwertung der Drachme schmerzhaft getroffen. Denn damit wäre all das Lohndumping der vergangenen Jahrzehnte zunichtegemacht. Deutsche Produkte würden in Griechenland schlagartig um fünfzig Prozent teurer – ein Exportschock wäre die Folge. Auch hier gilt: Wenn nicht nur der griechische Exportmarkt einbricht, sondern auch der spanische, italienische, portugiesische und andere, wird sich Deutschland, da es so sehr vom Export abhängt, in den Club der Rezessionsländer einreihen. Dann fällt dem Exportweltmeister seine aggressive Handelspolitik wie ein Bumerang auf den Kopf. Verwunderlich wäre das nicht: Wenn ein Land dem anderen über Jahre mehr verkauft, als es ihm abkauft, und sich das andere deshalb beim einen dafür verschuldet, kommt es irgendwann zum Zusammenbruch: Das Schuldnerland kann dem Verkaufsmeister gar nichts mehr abkaufen – beide zahlen drauf. Die »Exportweltmeisterschaft« ist keine langfristige und durchdachte Strategie.

3. Haircut oder geregelte Insolvenz

Die einfachste, nächstliegende und gerechteste Lösung einer Überschuldungssituation ist die (Teil-)Entschuldung des Schuldners (»Haircut«). Sie ist für Privatpersonen und Unternehmen gesetzlich geregelt und es hat sie auch bei Staaten in der Geschichte immer wieder gegeben. Die Folgen sind für die Gläubiger der Staaten zwar schmerzhaft, aber üblicherweise nicht existenzbedrohend, und dem/r

SchuldnerIn wird ein Neustart ermöglicht. Der Wiener Entwicklungsökonom Kunibert Raffer setzt sich seit Jahren für ein geregeltes Insolvenzrecht für Staaten ein.[25] Auch Attac fordert dies bereits in seiner Gründungsdeklaration im Jahr 2000.[26] In der Eurozone oder EU könnte ein geregeltes Insolvenzverfahren eingerichtet werden – mit »Insolvenzkriterien«: Ab wie viel Prozent Schuldenquote und Schuldendienst gemessen am BIP darf ein Land in die Insolvenz gehen? Wie tief geht der Erlass? Dadurch, dass Griechenland in der Eurozone bleibt, könnte ein sechzig prozentiger Haircut in diesem Fall ausreichen: Die Staatsschuld würde zunächst auf knapp über sechzig Prozent des BIP zurückgehen, der Schuldendienst und die damit einhergehende Budgetbelastung würden sich mehr als halbieren. Griechenland wäre wieder »flott«. Ist das realistisch?

Dass dies nicht realistisch ist, bewiesen die EU-Regierungen Ende Oktober 2011. Trotz eines »fünfzigprozentigen Schuldenschnitts« wird die Staatsschuld bis 2020 nur auf 120 Prozent sinken und das Problem damit nur unwesentlich entschärft. Der Grund liegt darin, dass es keine »echte« Insolvenz ist, die alle GläubigerInnen betrifft, sondern nur einen (geringen) Teil von ihnen. Eine »echte« Insolvenz wird immer noch tunlichst vermieden. Denn ihre Folgen sind unabsehbar.

Das größte Hinternis für eine »echte« Insolvenz ist: Im Unterschied zu anderen Zeiten stehen wir heute vor dem Phänomen systemrelevanter Banken – und diese versperren den einfachen und gerechten Weg. Das Problem ist, dass systemrelevante Banken von den dreifachen Kettenreaktionen getroffen würden – Ausfall der Staatsanleihen, Ausfall der Kredite der Banken des betroffenen Landes, Ausfall von Privatkrediten. Im Fall mehrerer Haircuts ist es nur eine Frage der Zeit, bis systemrelevante Banken erneut von den Rettungsschirmen aufgefangen wer-

den müssten, weil sie den Ausfall griechischer, portugie-
sischer, irischer und vielleicht bald italienischer Anleihen
und Kredite nicht mehr verkraften. Doch die Zahl derjeni-
gen Länder, die den großen Schirm halten, wird zusehends
weniger, und die Zahl der Länder unter dem Schirm ge-
gengleich mehr … (Deshalb sieht der Vertragsentwurf für
den ESM vor, dass diejenigen Staaten die Kapitalbeteili-
gung derer übernehmen müssen, die fallen.) Zudem müssen alle Staaten ihre »nationalen« Bankenrettungsschirme
mithalten. Die, die unter den Schirm gehen und insolvent
werden, bringen ihre systemrelevanten Banken als Insol-
venzmasse mit ein. Es hängt also davon ab, ob die »starken« Länder es schaffen, auch über die kommenden Tur-
bulenzen auf den Finanzmärkten hinweg die wachsende
Zahl der Schwachen mitzutragen.

Und eines ist auch hier gewiss: Sobald das erste Land
vor den Insolvenzrichter tritt, geht das Wetten los, wer der
nächste Kandidat ist. Auch hier geht die Entwicklung also
in Richtung: *Gesamtinsolvenz der Eurozone.*

Der Hauptgrund für dieses beklemmende Szenario ist
die Existenz systemrelevanter Banken. Ihre gezielte Her-
anzucht im EU-Finanzbinnenmarkt und für das WTO-
Dienstleistungsabkommen GATS rächt sich jetzt bitter.
Marktwirtschaftliche Mechanismen wie die Insolvenz können nicht angewandt werden, die größten Banken müssen
von den Staaten gestützt werden. Aufgrund der Nichtzer-
teilung der Kolosse nach der Krise 2008 hängen systemrelevante Banken und Staaten heute auf schicksalhafte
Weise aneinander und werden sich früher oder später gegenseitig niederreißen: Fallen die Banken, folgen ihnen
früher oder später die Staaten. Fallen jedoch die Staaten,
fallen die gestützten Banken sofort mit. Und fällt die erste
systemrelevante Bank, weil sie von niemandem mehr gestützt und aufgefangen wird, kommt es zu einem weltweiten Bankenkrach mit weiteren Staatsinsolvenzen.

Dann droht ein Herzstillstand der Weltwirtschaft. Damit dieser nicht eintritt, müssten alle Banken verstaatlicht werden. Das ist technisch möglich: Der Staat könnte die Schulden abtrennen (in eine »Bad Bank«) und die essenziellen Kernfunktionen – Spareinlagen, Zahlungsverkehr, Kreditvergabe – weiterführen. Doch dass die Regierungen im zunehmenden Chaos die Ruhe bewahren und die Kunst des Krisenmanagements beherrschen werden, ist nur eine Hoffnung.

Schlimmstenfalls kommt es zum Zusammenbruch eines der drei essenziellen Versorgungskreisläufe: Geld, Energie oder Nahrung. Solange es systemrelevante Banken gibt, ist es sinnvoll, sich auf den Zusammenbruch dieser Versorgungskreisläufe vorzubereiten. Ich habe dafür die Bildung von Kooperationsgruppen von zum Beispiel zwanzig Personen vorgeschlagen. Davon könnten fünf für die Nahrungsmittelbeschaffung zuständig sein, fünf für die Energieversorgung, fünf für Gesundheit und fünf für Kommunikation und Kooperation mit anderen Gruppen. Sollte die Versorgung für einige Monate unterbrochen sein, wären diese Kooperationsgruppen eine wirkungsvolle Überbrückung der Krise.[27]

4. Sanfte Entschuldung: Zins- und Tilgungsmoratorium

Eine Alternative zu radikalen Haarschnitten besteht darin, die Verzinsung auf griechische und ausfallsgefährdete Staatsanleihen gegen null Prozent zu senken und die Laufzeit zum Beispiel bis 2030 zu verlängern. Bei Griechenland wurden diese Maßnahmen zu einem kleinen Teil bereits umgesetzt. Der Vorteil: Die betreffenden Länder müssten weder aus der Eurozone ausscheiden noch in die Insolvenz gehen. Der Schuldendienst betrüge null, nur die Substanz müsste bedient werden. So könnten die betreffenden

Staaten mit Leistungsbilanz- und Budgetüberschüssen sowie Wirtschaftswachstum den Schuldenberg langsam abbauen, was allerdings alles andere als gesichert ist: Griechenland befindet sich tief in der Rezession und weist ein Rekorddefizit in der Handelsbilanz auf. Solange es im Euro-Korsett gefangen bleibt (und nicht abwerten kann), *kann* sich daran gar nichts ändern. Es wäre somit nur Zeit gewonnen, nicht mehr.

Die Gläubigerbanken könnten dieses Moratorium vielleicht etwas leichter verdauen als einen Schuldenschnitt: Sie fielen zwar um kalkulierte Zinserträge um, nicht aber um die Kreditsubstanz. Stundung und Streckung würden von Ratingagenturen und Finanzmärkten jedoch als »Ausfall« bewertet und dazu führen, dass Griechenland keinen Kredit mehr von den Märkten bekäme – und ebenso »abgeschnitten« würde wie im Fall einer Rückkehr zur Drachme. Deshalb müsste ein Zins- und Tilgungsmoratorium von weiteren Maßnahmen begleitet werden: Eurobonds!

5. Ausgabe von Eurobonds

Um Problemländer vom Zinswucher der Märkte unabhängig zu machen, könnte die Europäische Zentralbank (EZB) oder ein Europäischer Währungsfonds, zu dem der Europäische Stabilitätsmechanismus ESM weiterentwickelt werden könnte[28], Euro-Staatsanleihen (»Eurobonds«) ausgeben, für die alle Euro-Staaten gemeinsam haften. Dadurch würde sich voraussichtlich die Verschuldung von Staaten mit hoher Bonität – wie Deutschland – relativ verteuern und diejenige Griechenlands stark verbilligen.

Diese Debatte setzte im Sommer 2011 mit voller Wucht ein. Deutschland setzte vorerst auf harschen Widerstand: Die D-Mark war einst nur unter der Bedingung aufgegeben worden, dass a) die Stabilitätspolitik der Bundesbank von einer unabhängigen EZB weitergeführt würde, b) diese keine Staatsanleihen kaufen dürfe und c) EU-Mitgliedstaaten auch nicht füreinander haften dürften.

Zwei der drei Vertragsbedingungen waren 2011 bereits gebrochen, auch der dritte Vertragsbruch schien nur noch eine Frage der Zeit. Eurobonds bergen explosiven Sprengstoff für die Union und Kraftnahrung für den Nationalismus. Unionsfinanzobmann Hans Michelbach meinte, Eurobonds würden vor allem Großspekulanten nützen: Sie erhielten damit einen Zugriff auch auf die Finanzen von Staaten mit Spitzenbonität. »Wer den Weg für Eurobonds freimachen will, legt die Axt an die Stabilität des Euro. Mit solchen Gemeinschaftsanleihen wird die Grundstruktur der Europäischen Währungsunion außer Kraft gesetzt.« Eurobonds sind für Michelbach der Einstieg in eine Transferunion, »die am Ende alle Euro-Staaten in einen Abwärtsstrudel reißen würde«.[29] Im ZDF-Sommerinterview sprach Bundeskanzlerin Angela Merkel ein Machtwort: Eurobonds seien »genau der falsche Weg«. Sie führten »in eine Inflations- und nicht in eine Stabilitätsunion.«[30] Entschieden ist die Debatte noch nicht. Nur zwei Tage später sprach sich EVP-Chef Elmar Brok *für* gemeinsame Anleihen aus: »Eurobonds wehren Spekulanten ab. Sie sind wichtig.«[31]

Tatsächlich bedarf es eines genaueren Hinsehens, was Eurobonds können und was nicht. Im Gespräch ist eine Obergrenze von sechzig Prozent der Wirtschaftsleistung – also eines der Maastricht-Kriterien für öffentliche Verschuldung. Über diese Deckelung hinaus müsste jedes Land selbständig weitere Schulden aufnehmen – für manche dann zu schlagartig horrenden Konditionen. So konstruiert, würden Eurobonds zwar die Situation unmittelbar entspannen, weil die Neuverschuldung in der Krise billiger würde, gerät jedoch ein Staat über die Sechzig-Prozent-Grenze hinaus, wird er von Eurobonds nicht gerettet, sondern den Finanzmärkten zum Fraß vorgeworfen. Damit erfüllen sie genau jenen Zweck nicht, zu dem sie geschaffen werden.

Drittens verdeckt die Eurobond-Euphorie, dass diese keine Staatsschuld auch nur um einen Cent verringern, sie würden sie nur – vorübergehend und in begrenztem Umfang – verbilligen. Das könnte zwar die Schuldenspirale bremsen, doch ob das ausreicht, um die kollektive Insolvenz zu verhindern, ist mehr als fraglich. Zwei Szenarien sind denkbar:

1. Die Märkte »spielen mit« und vertrauen der Eurozone als Ganzer, die Zinsen für alle werden sogar noch billiger als jene für deutsche Staatsanleihen, weil immer mehr Kapital weltweit nach sicherer Anlage sucht. Für dieses Szenario spricht ein Faktum: Das globale private Finanzvermögen summiert sich auf ein immer größeres Vielfaches der Realwirtschaft (Welt-BIP), was eine der strukturellen Krisenursachen ist: Kapital hat im heutigen System den Anspruch, durch Investition vermehrt zu werden: Es geht auf Renditesuche. Das von der Boston Consulting Group registrierte »wealth under management«, also professionell verwaltete Finanzvermögen, erreichte 2010 den Rekordwert von 121,8 Billionen US-Dollar[32] oder das zweifache des Welt-BIP von 63 Billionen US-Dollar.[33] Doch je größer das Finanzvermögen im Verhältnis zur Wirtschaft ist, desto unwahrscheinlicher ist eine hohe Verzinsung für das gesamte Kapital: Die Kapitalrenditen müssen zwingend sinken. Je instabiler die Zeiten werden, desto wertvoller ist der Luxus, eine sichere Anlage zu finden und auch noch die Inflation ausgeglichen zu bekommen. Eurobonds könnten genau das leisten. Wären sie mit zwei Prozent verzinst, würde das die – derzeit durchschnittliche – Inflation wettmachen. Die Kaufkraft des Finanzvermögens bliebe erhalten. Ein Hinweis darauf, dass diese Prognose ein-

treten könnte, ist die überraschende Tatsache, dass die Verzinsung von US-Anleihen nach der Aberkennung des AAA-Ratings durch S&P Mitte 2011 nicht hochschnellte, sondern sogar sank.

2. Die pessimistische Prognose sieht anders aus: Die Märkte spielen nicht mit, sondern gegen den Euro, weil sie zur Einschätzung gelangen, dass die Gesamtkonstruktion nicht halten wird. Ganz unplausibel ist das nicht, zumal schon Mitte 2011 nur noch sechs der siebzehn Euroländer mit einem Triple A geratet waren.[34] Dass diese Einschätzung auch zu einer selbsterfüllenden Prophezeiung werden kann, haben die Märkte nach wie vor mit der Hand. Die Spekulation mit CDS, negativen Ratings & Co. könnte die Kreditwürdigkeit der gesamten Eurozone in Frage stellen. Die Rating-Agentur Standard & Poors kündigte gleich einmal vorsorglich an, dass im Falle von Eurobonds das Rating des schlechtesten beteiligten Landes gelten würde, also Griechenlands. Damit würde Deutschlands Rating von AAA auf das griechische CC abstürzen.[35] Das wäre die ultimative Attacke auf das europäische Währungsprojekt. Im »Erfolgsfall« würden aus edlen Euro-Anleihen Junk-Bonds. Und dann bleibt nur noch eine allerletzte Option: die Zentralbank.

6. Ankauf oder Garantie von Staatsanleihen durch die EZB

Viel wirkungsvoller wäre deshalb der Ankauf oder die Garantie von Staatsanleihen durch die EZB, womit sie vertragswidrigerweise bereits begonnen hat. Vom Beginn der Aktion im Mai 2010 bis Dezember 2011 belief sich das Volumen der von der EZB gehaltenen Staatsanleihen bereits auf 200 Milliarden Euro. Sollten diese Staatsanleihen zu, zum Beispiel, fünfzig Prozent nicht zurückgezahlt werden, wäre dies ein (weiteres) Geschenk der SteuerzahlerInnen an private FinanzinvestorInnen im Ausmaß von hundert Milliarden Euro. Steuerfrei. Hartz-IV-EmpfängerInnen, StudentInnen, MindestrentnerInnen und AlleinerzieherInnen können von solch großzügigen Geschenken nur träumen. Die Entscheidung der EZB, Staatsanleihen zu kaufen, führte zu den freiwilligen Rücktritten der beiden deutschen Direktoren Axel Weber und Jürgen Stark.

Da die Zentralbank Geld in unendlicher Menge drucken und ihre Bilanz unendlich ausweiten kann, könnte sie problemlos die Staatsanleihen aller Euro-Mitgliedstaaten aufkaufen. Vorteil: Die Spekulation auf Staatsbankrotte würde unmittelbar verebben, das Zinsniveau drastisch sinken. Das Problem: Diese Praxis würde die Staaten zur hemmungslosen Schuldenaufnahme einladen, und das würde tendenziell zu hoher Inflation führen. Das Schreckgespenst der Zwischenkriegszeit – Hyperinflation – wird wach. Deshalb waren und sind die »stabilitätsorientierten« Hardliner strikt dagegen, dass die EZB auch fiskalpolitische Kompetenzen erhält. Ihre Unabhängigkeit soll sie vor dem Zugriff der Politik schützen.

Derzeit sieht es jedoch immer mehr so aus, als würde ein Teil der EZB-Gouverneure Inflation bewusst in Kauf nehmen oder sogar verursachen – um auf diese Weise die Schulden schleichend abzutragen. Hinweise darauf sind das Aufkaufprogramm für Staatsanleihen und die Rücktritte der deutschen Direktoren, ein Machtkampf um die EZB hat begonnen. Vorerst vom Tisch ist der Vorschlag Frankreichs, das EFSF-Kapital mithilfe einer Banklizenz zu hebeln – was nichts anderes gewesen wäre als Gelddrucken durch die Zentralbank. Das bewusste Herbeiführen von Inflation mit dem Ziel des Schuldenabbaus wäre allerdings ein gewagtes Manöver – steigende Inflation ist nicht so einfach unter Kontrolle zu bringen, und wenn, dann nur um den Preis hoher Zinsen, die wiederum in die Rezession

Übersicht »Offizielle Rettungsstrategien«

Rettungsschirm	• verlagert und erhöht die Schulden systemisch • führt in Richtung Gesamtinsolvenz der Eurozone
Rauswurf/Austritt	• Griechenland in schwerer Rezession • Gläubiger durch Abwertung und verstärkte Insolvenzwellen schwer getroffen: Kettenreaktionsgefahr! • führt in Richtung Gesamtinsolvenz der Eurozone
Haircut / Insolvenz in der Eurozone	• trifft die Gläubiger etwas weniger hart, weil keine Abwertung • dennoch ebenfalls Kettenreaktionsgefahr • führt etwas langsamer in Richtung Gesamtinsolvenz der Eurozone
Tilgungs- und Zinsmoratorium	• Schulden werden nicht verringert • Boykott der Finanzmärkte droht, weil Moratorium als Staatsinsolvenz gewertet wird • Zeitgewinn, der keine Probleme löst
Eurobonds	• verringern die Staatsschulden nicht • verschieben die Schuldenlast ähnlich wie bei Rettungsschirm • ohne gleichzeitige Regulierung der Märkte kann es zum spekulativen Angriff auf den Euro kommen • führt tendenziell in die Gesamtinsolvenz der Eurozone
EZB-Garantie	• verbilligt die Schulden und bringt Zeitgewinn • verringert die Schulden nicht, wenn sonst keine Bedingungen • ohne Bedingung: Inflationsgefahr! • mit Bedingung einer EU-weiten Steuerkooperation: Lösung der Krise!

führen. Inflationspolitik wäre das Ende der EZB in ihrer gegenwärtigen Form – Bollwerk der Preisstabilität. Der Lissabon-Vertrag müsste endgültig in den Müll.

Manche versuchen Inflation »pragmatisch« zu sehen. Zwanzig Jahre, in denen die Inflation um drei Prozent höher ist als die Verzinsung der Schuldtitel, würden die reale Schuldenlast halbieren. Diese Strategie hätte – neben der Unsicherheit, ob die Inflation unter Kontrolle gehalten werden kann – den entscheidenden Nachteil, dass nicht nur die Staatsschulden abschmelzen würden, sondern auch alle privaten Ersparnisse und Vermögen.

Die Garantie von Staatsanleihen durch die EZB sollte deshalb an eine Bedingung geknüpft werden (an dieselbe, mit der Eurobonds Sinn ergeben würden): die Abtragung der Staatsschulden über EU-weite Steuern. So würde die Geldmenge verringert, das Geld wieder »vernichtet«. Die Schulden würden sinken – ohne Inflation. Es wäre das einzige sichere Rettungsprogramm für den Euro.

Anmerkungen

1 BUNDESMINISTERIUM FÜR FINANZEN (2011).
2 Süddeutsche Zeitung, 17. September 2011.
3 Der Standard, 19. September 2011.
4 Welt online, 10. Juli 2011.
5 Der Standard, 26. September 2011.
6 FAZ, 9. August 2011 und Die Presse, 23. September 2011.
7 FAZ, 18. September 2011.
8 News 41/2011, 12.
9 NZZ online, 21. August 2011.
10 FAZ, 10. September 2011.
11 Kurier, 23. August 2011.
12 27. April 2010.
13 Deutsche Welle, 25. September 2011. http://www.dw-world.de/dw/article/0,,15412868,00.html
14 Les Echos, 2. Juli 2011.

15 SBAROUNIS (1950), 384.
16 Kurier, 23. September 2011.
17 Welt am Sonntag, 4. September 2011.
18 FAZ, 18. Juni 2010.
19 STIFTUNG FAMILIENUNTERNEHMEN (2011).
20 2. November 2011.
21 Lissabon-Vertrag, Art. 50 VEU.
22 http://www.dradio.de/dkultur/sendungen/thema/1135445/
    und eigene Berechnungen.
23 Welt am Sonntag, 14. August 2011.
24 Der Standard, 28. Oktober 2011.
25 RAFFER (2011).
26 http://www.attac.at/fileadmin/user_upload/Attac_
    Positionspapiere/Gruendungsdeklaration.pdf
27 FELBER (2009), 134 ff.
28 Forderung von Stephan Schulmeister im Kurier, 13. August
    2011.
29 Kurier, 15. August 2011.
30 ZDF-Sommerinterview, 21. August 2011.
31 Kurier, 23. August 2011.
32 Boston Consulting Group, Pressemitteilung, 31. Mai 2011.
    Im Netz: http://www.bcg.com/media/PressReleaseDetails.
    aspx?id=tcm:12-77753
33 Daten-Service der Weltbank. Im Netz: http://data.worldbank.
    org/indicator/NY.GDP.MKTP.CD
34 Financial Times Deutschland, 27. Juli 2011.
35 S&P-Experte Moritz Krämer, dpa/Welt am Sonntag, 4. Septem-
    ber 2011.

III. Rettungsprogramm für den Euro

Die hier vorgeschlagene Lösung soll zeigen: Es gibt eine Möglichkeit, den Euro zu retten, wenn die Regierungen dies wirklich wollten. Der Vorschlag ist: Die EZB kauft oder garantiert die Staatsanleihen unter der Bedingung, dass sie sich an einer EU-weiten Koordination einiger Steuern beteiligen, aus deren Ertrag sie die Schulden zurückzahlen. Diese Lösung wäre deshalb relativ einfach, weil die Privatvermögen ein Vielfaches der Staatsschulden ausmachen – das wissen nur die wenigsten.

1. Garantie der Staatsanleihen durch die EZB

Die Garantie ist deshalb so wichtig, weil sie zwei entscheidende unmittelbare Auswirkungen hätte: Erstens würde die Spekulation auf den Staatsbankrott unmittelbar enden, CDS würden wertlos. Die Versicherung von Staatsanleihen, die von der EZB garantiert werden, ergibt keinen Sinn, weil diese nicht ausfallen können. Auch Gerüchte streuen brächte nichts mehr, und das Rating ist hinfällig: Es ist AAA – das bestmögliche. Kein anderer Investmenttitel hat eine Ausfallwahrscheinlichkeit von null. Die Finanzmärkte wären vollkommen »entwaffnet«.

Zweitens würde sich die Zinslast auf garantierte Staatsanleihen radikal reduzieren – auf das Niveau deutscher Schuldentitel und noch darunter. Mitte 2011 musste Griechenland auf neu ausgegebene zweijährige Staatsanleihen den unvorstellbaren Wucherzinssatz von 47 Prozent berappen, auf zehnjährige Anleihen achtzehn Prozent[1] – die Entlastung wäre geradezu extrem. Eine Zinserleichterung von zehn Prozentpunkten auf die gesamte Staatsschuld macht bei einer Staatsschuld von 160 Prozent der Wirtschaftsleistung jährlich sechzehn Prozent vom BIP aus – mehr als das griechische Rekord-Budgetdefizit 2009 (fünfzehn Prozent). Eine Garantie hätte somit unmittelbar spürbare Auswirkungen – ähnlich jener von Eurobonds, falls diese »funktionieren« würden.

2. Steuerkoordination

Die Garantie würde über die Entwaffnung der Finanzmärkte die nötige Atempause bringen, in der a) die Schulden zurückgezahlt, b) der Verschuldungsmechanismus neu gestaltet und c) die Finanzmärkte nachhaltig reguliert und in den Dienst des Gemeinwohls gestellt werden könnten.

Entscheidend ist die Bedingung für die Garantie, damit es nicht zur hemmungslosen Schuldenaufnahme kommt. Die konkrete Bedingung für die EZB-Garantie ist die Beteiligung an einer EU-weiten Koordination der Steuern auf mobile Steuerfaktoren – eine der beiden größten Schwächen der Euro-Konstruktion. Vorgeschlagen wird nicht die Vergemeinschaftung der Steuerpolitik von der Biersteuer bis zur Lohnsteuer, all diese bleiben in nationalstaatlicher Souveränität, sondern der vier wichtigsten Kapitalsteuern:

a. Finanztransaktionssteuer;

b. Vermögenssubstanzsteuer auf Großvermögen, zum Beispiel über einer Million Euro;

c. Kapitalertragssteuer in Weiterentwicklung der Zinsrichtlinie;

d. Mindest-Körperschaftssteuer.

Die größte Macht hat das Kapital durch Bewegungsfreiheit – freien Kapitalverkehr – erhalten. Dafür muss es eine Gegenleistung geben: koordinierte Besteuerung. Sonst passiert genau das, was wir seit Mitte der 1990er Jahre immer schmerzhafter erleben: Wir werden erpresst von den

Schwerreichen, Spitzenverdienern und Kapitalgesellschaften, die uns mit der Verlagerung ihres Wohn- oder Firmensitzes ins Ausland drohen (das selbstverständlich immer niedrigere Steuern erhebt als das Inland), sobald ein demokratisches Gemeinwesen über höhere oder gleichbleibende Steuern auch nur nachdenkt. Das können sie nur bei freiem Kapitalverkehr. Den Fluchtweg hat ihnen jedoch derselbe Staat eröffnet, den sie mit der Exodus-Drohung um ihren fairen Steuerbeitrag prellen wollen. Es braucht daher zweierlei: die Koordinierung der Kapital- und vermögensbezogenen Steuern innerhalb der EU einerseits und die differenzierte Beschränkung des Kapitalverkehrs zwischen der EU und Drittländern andererseits. Gehen wir die vier Steuern der Reihe nach durch:

Finanztransaktionssteuer (FTS)

Die Finanztransaktionssteuer ist die Gründungsforderung der Attac-Bewegung. Ihr französischer Name »Association pour une taxation des transactions financières pour l'aide aux citoyens« enthält wörtlich »die Besteuerung von Finanztransaktionen« nach der Idee des Ökonomen James Tobin, der Anfang der 1970er Jahre, nach dem Zusammenbruch des Systems von Bretton Woods, die Besteuerung von Währungsumtäuschen vorschlug, um der einsetzenden Spekulation Herr zu werden. Besteuert werden sollen nicht einfache Banküberweisungen, sondern nur Währungstäusche (»Devisentransaktionen«) sowie Wertpapierumsätze (Aktien, Anleihen und Derivate). Wer eine Aktie hält, bezahlt keine Steuer; wer sie täglich umschlägt, bezahlt die Steuer täglich. Sie fällt nur bei »Transaktionen« an. Der/die NormalbürgerIn wäre von der Steuer nicht betroffen. Die SpekulantInnen umso schmerzlicher. Nach einer Berechnung des Wiener Instituts für höhere Studien (IHS) brächte eine Steuer im Ausmaß von 0,1 Prozent ein jährliches Aufkommen von 272 Milliarden Euro allein in der EU. Dabei wurde ein Rückgang des Handelsvolumens mit Finanzderivaten um 85 Prozent und des Aktienumschlagvolumens von fünfzehn Prozent bereits berücksichtigt.[2] Das ebenfalls in Wien angesiedelte Wirtschaftsforschungsinstitut (Wifo) kommt bei einem Steuersatz von 0,05 Prozent und einer Schrumpfung des Derivate-Handelsvolumens um 69 Prozent auf ein EU-weites Steueraufkommen von 311 Milliarden US-Dollar. Im Falle einer weltweiten Einführung wären es sogar 653 Milliarden US-Dollar.[3] Pro Jahr.

An diesen Zahlen zeigt sich, welch unvorstellbares Ausmaß an Aktivität die Finanzmärkte entwickelt haben. Die FTS würde etwas Sand ins Getriebe streuen und die Aktivitäten deinflationieren und dennoch gewaltige Einnahmen generieren. Zum Vergleich: Der EU-Haushalt von 2011 betrug 135 Milliarden Euro. Somit könnte mit der Hälfte der Einnahmen aus diesem ersten Steuertitel die EU bequem finanziert werden. Die andere Hälfte könnte für Entschuldungs- und globale Armutsbekämpfungsmaßnahmen verwendet werden.

2011 kam auf EU-Ebene endlich Bewegung in die Frage der Umsetzung einer FTS. Im März sprach sich das EU-Parlament mehrheitlich für die Einführung der Steuer auf EU-Ebene aus, im September gab die Kommission ihren langjährigen Wiederstand auf und verschickte einen ersten Entwurf. Allerdings bleibt der Kommissionsvorschlag weit hinter den Modellen der WirtschaftsforscherInnen zurück. Manche Transaktionen sollen nur mit einem Zehntelpromille (0,01 Prozent) besteuert werden, andere gar nicht. Entsprechend enttäuschend ist das erhoffte Aufkommen: 55 Milliarden Euro.[4] Offenbar ist der demokratisch nicht direkt legitimierten Kommission die Steuer immer noch kein Anliegen.

Der historische Zeitpunkt ist einmalig:

- Noch nie in der Geschichte der Menschheit waren die Finanzvermögen so angehäuft wie heute; allein die »Assets under Management« werden von der Boston Consulting Group weltweit auf 121 Billionen US-Dollar geschätzt;

- die Verteilung ist sehr ungleich – zehn Prozent der Bevölkerung besitzen in Deutschland oder Österreich rund zwei Drittel des Gesamtvermögens;[5]

- die Verteilung ist in den letzten 25 Jahren kontinuierlich ungleicher geworden: Sowohl die Zahl der Milliardäre als auch der Milliardeneinkommen steigt stark an; Deutschlands »High Net Worth Individuals«, also Personen mit mehr als einer Million US-Dollar liquidem Finanzvermögen, nahmen 2010 um 7,3 Prozent zu auf 924 000 Millionäre;[6]

- die Verursacher der Krise sind bisher gerettet worden, während die Krisenkosten den Massen und Ärmeren (Mehrwertsteuer, Renten, öffentlicher Dienst, SozialhilfeempfängerInnen, Arbeitslose, Jugend …) aufgebürdet wurden;

- die staatlich geförderten und abgesicherten Spekulationsgewinne, die Bankenrettung, Wucherzinsen, Renditeterror, landen schlussendlich im Privatvermögen dieser privilegierten Minderheit und könnten deshalb sehr treffsicher und gerecht mit Vermögenssteuern erfasst werden;

- Schulden und Vermögen wachsen immer parallel; Sollen die Schulden weniger werden, müssen auch Vermögen abgebaut werden. Eine gerechte Schuldenbremse ist gleichzeitig eine Vermögensbremse. Die Alternative heißt Crash.

Dennoch ist der Widerstand gegen Vermögenssteuern

erbittert – eine neufeudale Besitzklasse, die sich in den letzten dreißig Jahren gebildet hat, verteidigt mit rücksichtslosem Egoismus ihre Vorrechte. Ihr wichtigster Verbündeter ist der freie Kapitalverkehr. Mit der Androhung, das Land zu verlassen oder einen Standort zu verlagern, erreichen sie nicht nur die Verhinderung der Besteuerung von Vermögen, sondern sogar das Gegenteil: In den letzten zwanzig Jahren wurden zahlreiche vermögensbezogene Steuern gekippt, darunter die Vermögens-, Erbschafts- und Schenkungssteuer in Deutschland und Österreich. Trugen Vermögenssteuern in Österreich 1965 – zu einem Zeitpunkt, als die Vermögen nur einen Bruchteil von heute ausmachten – noch vier Prozent zum gesamten Steueraufkommen bei, so ist dieser Anteil 2008 auf 1,3 Prozent abgestürzt. In Deutschland fiel er im gleichen Zeitraum von 5,8 Prozent des Gesamtsteueraufkommens auf 2,3 Prozent – und hat sich damit mehr als halbiert.[7] Deutlicher lässt sich die Schieflage kaum aufzeigen. Dieser Trend reißt eine Grundmauer der Französischen Revolution nieder: dass alle Mitglieder eines demokratischen Gemeinwesens gemäß ihrer wirtschaftlichen Leistungskraft Abgaben zu entrichten haben. So steht es in Artikel 13 der Allgemeinen Erklärung der Menschen- und Bürgerrechte von 1789. Wirtschaftliche Leistungskraft bezieht sich auf Einkommen und Vermögen. Wer mehr *verdient*, kann mehr abgeben als jemand, die/der weniger verdient; und wer mehr *hat* als andere, erst recht. Vermögenssteuern sind dennoch kein Selbstzweck. Sie sollten als »zweiter Gang« zu den Einkommenssteuern nur dann hinzugeschaltet werden, wenn a) die Vermögen im Verhältnis zum BIP wachsen; b) je ungleicher die Verteilung wird; und c) je größer die Nöte des Staatshaushaltes sind, wie gerade jetzt – das ist ja der Ausgangspunkt der Überlegung.

Die großen Vermögen sind in den letzten Jahren um fünf bis zehn Prozent gewachsen. Von daher sind einige

Prozent Vermögenssteuer schon drin – ohne dass deshalb ernsthaft Enteignungsalarm ausgelöst werden muss. Wenn in Griechenland die Mehrwertsteuer um vier Prozent erhöht wird und MindestrentnerInnen wie Arbeitslose somit vier Prozent ihres Einkommens verlieren, ist eher von »Enteignung« zu sprechen als wenn MillionärInnen, deren Vermögen – ohne Leistung – jährlich um sieben Prozent wachsen, ein oder zwei Prozent davon abgeben. Da die Vermögen so enorm groß sind, würden solche Bagatellbeträge ausreichen. In Deutschland beträgt das Vermögen der Privathaushalte rund acht Billionen Euro – viermal mehr als die Staatsschuld von »nur« zwei Billionen Euro.[8] In Österreich ist der Vermögensüberhang noch größer: Einer Staatsschuld von 215 Milliarden Euro stehen Privatvermögen von 1,35 Billionen Euro gegenüber.[9] Weltweit schätzt die Credit Suisse, dass allen Staatsschulden in der Höhe von 42 Billionen US-Dollar 2009 private Vermögen in fünffacher Höhe gegenüberstehen: fast 200 Billionen US-Dollar.[10]

Entsprechend voluminös wären die Einnahmen auch bei kleinen Steuersätzen: Die oberen zehn Prozent besitzen in Deutschland und Österreich rund zwei Drittel des Privatvermögens. Zwei Drittel von acht Billionen sind rund fünf Billionen. Diese mit durchschnittlich zwei Prozent besteuert, ergäben 100 Milliarden Euro – in zehn Jahren wäre die Staatsschuld Deutschlands allein mit dieser Steuer halbiert. Frankreich beschreitet bereits einen Weg mit ähnlichem »Steilheitsgrad«: Vermögen größer 1,3 Millionen Euro werden mit 0,55 bis 1,8 Prozent – progressiv – besteuert. Eine Initiative von zwanzig verantwortungsbewussten Vermögenden in Deutschland hat vorgeschlagen, in den Krisenjahren 2009 und 2010 einmalig sogar fünf Prozent einzuheben, um danach mit einem Prozent fortzufahren.[11] Bei der vereinfachten Annahme, dass die Vermögen EU-weit viermal so groß sind wie die Staatsschulden (die

EU-Schuldenquote ist gleich hoch wie die Deutschlands), brächte eine im Durchschnitt zweiprozentige Vermögenssteuer auf die zehn Prozent Vermögendsten jährlich 500 Milliarden Euro. Zusammen mit der Finanztransaktionssteuer wären dies bereits 770 Milliarden Euro – so viel, wie der Rettungsschirm EFSF ausmacht. Allerdings pro Jahr. Auf die Eurozone begrenzt kämen immer noch 370 Milliarden Euro Vermögenssteuer zusammen.

Hand aufs Herz: Wenn Sie schwervermögend sind und sich aussuchen dürfen, ob Sie für einige Jahre zwei Prozent Vermögenssteuer beitragen oder lieber a) den Zusammenbruch des Euro, b) das Ende der EU, c) Hyperinflation oder d) eine Währungsreform mit großer Vermögensvernichtung wollen, wäre dann die Vermögensabgabe nicht das kleinere Übel? Natürlich sind solche Fragen, bei denen die befragte Person nur verlieren kann, unfair, aber urteilen Sie selbst, ob diese Alternative nicht jeden Tag realistischer wird.

Eine mögliche Alternative ist Inflation. Schon gibt es Ökonomen die dies nicht nur empfehlen, sondern auch mit demselben Argument begründen: Im Vergleich zu einer neuen Finanzkrise, die einen Großteil der Ersparnisse ausradieren könnte, sei ein Verlust von fünf bis zehn Prozent durch höhere Inflationsraten ein gutes Geschäft, meint zum Beispiel der US-Ökonom Kenneth Rogoff.[12]

Um es noch ein wenig leichter zu machen: Erfahrungen mit hohen Steuern gäbe es historisch – in jenen Zeiten, in denen die Wirtschaft florierte wie sonst nie. Zum Beispiel im »New Deal« in den USA. Als Maßnahme gegen die große Depression hob Präsident Roosevelt den Spitzensteuersatz von 24 auf 79 Prozent, die Unternehmensgewinnsteuer von 14 auf 55 Prozent (1955) und die Erbschaftssteuer von 20 auf 77 Prozent. Präsident Eisenhower legte noch eins drauf und hievte den Spitzensteuersatz auf 91 Prozent.[13] Bis 1980 sank dieser langsam wieder auf 70 Prozent ab. Erst der neoliberale Ex-Schauspieler Ronald Reagan kappte den Spitzensteuersatz auf 35 Prozent. Seither explodiert die Ungleichheit in den USA, die öffentliche Infrastruktur verlottert, die Zahl der Gefängnisinsassen hat sich vervierfacht, und die Zahl der Menschen, die auf öffentliche Lebensmittelmarken angewiesen sind, erreichte im Mai 2011 mit 45,8 Millionen Menschen einen historischen Rekord. Der Anstieg gegenüber dem Vorjahr betrug 12 Prozent – dabei war die Wirtschaft in den USA 2010 um fast drei Prozent gewachsen.[14]

Geschichte lernen heißt: Hohe Steuern auf Vermögende schaden diesen nicht, sondern sie bringen das Land vorwärts!

Zu meiner Überraschung wartete kurz vor Redaktionsschluss dieses Buches die Boston Consulting Group mit einem Vorschlag auf, der mein gewagtes »Vier-Steuern-Paket« an Radikalität in den Schatten stellt. Die BCG fordert in der lesenswerten Kurzstudie »Back to Mesopotamia?« einen weltweiten Haircut, dessen Kosten von den SteuerzahlerInnen getragen werden sollten. In den USA würde der Haarschnitt 8,2 Billionen Euro kosten, in Großbritannien 1,25 Billionen und in der Eurozone die nette Kleinigkeit von 6,1 Billionen Euro. (Um die Staatsverschuldung in der Eurozone von derzeit knapp 90 Prozent auf harmlose 45 Prozent zu halbieren, würden vier Billionen ausreichen.)

Auch was die Vorstellungen betrifft, welche Steuern herangezogen werden sollten, bläst die BCG etwas kräftiger ins gleiche Horn. Sie schlägt eine einmalige Vermögenssteuer vor – allerdings im Ausmaß von 34 Prozent der privaten Vermögen in der Eurozone! Das ist weit mehr, als ich vorschlage, was zwei Gründe hat: Die BCG will auch Privathaushalte und Unternehmen entschulden und zweitens dafür nur Finanzvermögen heranziehen. Die Immobilienvermögen dürften aber doppelt so groß sein wie die Finanzvermögen – weshalb am Ende das gleiche Ergebnis herauskommt: knapp über zehn Prozent des Gesamtvermögens. Im Unterschied zur BCG würde ich es auf zehn Jahre verteilen: ein Prozent pro Jahr.

Wie wenig zehn Prozent des Vermögens sind, zeigt folgendes Beispiel: Wenn die Vermögen um fünf Prozent wachsen, sind sie in zwei Jahren um mehr als zehn Prozent größer. Würde dann ein Zehntel weggesteuert, hätten die Besteuerten immer noch mehr Geld als zwei Jahre zuvor. Und nicht zu vergessen: Betroffen wären nur zehn Prozent der Bevölkerung – jene, die heute schon weit mehr haben, als sie wirklich brauchen: die Oberschicht. Neunzig Prozent haben so gut wie nichts und sollten deshalb die Haarschnittrechnung auch nicht mitzahlen.

Die BCG argumentiert übrigens ähnlich wie ich, dass ihr unerhörter Vorschlag im Vergleich zu den Alternativen vielleicht noch der eleganteste und sanfteste ist: »Alle Wege aus der Krise dürften schmerzhaft sein.«[15] Vielleicht wird es ja doch noch etwas mit meinem Rettungsvorschlag.

Besteuerung von Kapitaleinkommen

Eine der peinlichsten Kontraindikationen zur überall beschworenen »Leistungsgesellschaft« ist der Umstand, dass Kapitaleinkommen, für die kein Finger gerührt wird, gar nicht oder geringer besteuert werden als Arbeitseinkommen. Die beiden wichtigsten Gründe: freier Kapitalverkehr (gilt nur für das Kapital, nicht für Menschen) und Bankgeheimnis (gilt nur für Kapitaleinkommen, nicht für Arbeitseinkommen). Schaffen deutsche Vermögende ihre Millionen nach Liechtenstein, Österreich oder in die Schweiz (freier Kapitalverkehr in Steueroasen mit Bankgeheimnissen), fällt nur dann eine – anonyme – Quellensteuer an, wenn sie sehr konservative Anlageformen wählen wie zum Beispiel Staatsanleihen. Und auch hier beträgt die Steuer nur 35 Prozent – deutlich weniger als der Spitzensteuersatz für Arbeitende. Wer mit etwas »Kreativität« sein Vermögen über eine juristische Person veranlagt oder Kursgewinne einstreicht anstelle von Zinsen, zahlt überhaupt keine Steuer – diese Einkommen fallen nicht unter die Zinsrichtlinie. In Österreich werden Kapitaleinkommen mit der jüngsten Steuerreform zwar nun endlich quellenbesteuert, aber nur mit dem halben Steuersatz der Einkommenssteuer. Damit werden Leistungseinkommen aus Arbeit immer noch doppelt so hoch belastet wie leistungslose Einkommen aus Vermögen. Erklärt wird das von den Fans der Leistungsgesellschaft – gar nicht.

In einer echten Leistungsgesellschaft müssten »leistungslose« Kapitaleinkommen gerechterweise höher besteuert werden als Leistungseinkommen (Arbeitseinkommen, Selbständigeneinkommen, UnternehmerInnenlohn). Sonst wird ja der Wert »Leistung« nicht belohnt, sondern relativ bestraft, auch dann noch, wenn Kapitaleinkommen nur gleich hoch besteuert werden. Gerecht wäre, dass Kapitaleinkommen zum Beispiel um fünfzig oder hundert Prozent höher besteuert werden als Arbeitseinkommen. Die Berechnung könnte so erfolgen, dass alle Gewinne und Verluste aus Vermögensanlage in einem Steuerjahr gegengerechnet und der positive Saldo versteuert wird.

Einfacher und gegenüber dem jetzigen Zustand schon ein großer Fortschritt wäre, dass alle Einkommen – Arbeits- wie Kapitaleinkommen – den persönlichen Gesamteinkommen zugerechnet und diese den üblichen Steuersätzen der progressiven Einkommenssteuer unterworfen werden.

Diese Vereinheitlichung scheitert in einigen Ländern immer noch daran, dass Kapitaleinkommen im Gegensatz zu Löhnen und Gehältern nicht automatisch an das Finanzamt gemeldet werden, zum Beispiel in Österreich. Die offizielle Begründung dafür lautet, dass der Finanzminister doch nicht in die ökonomische Intimsphäre der BürgerInnen eindringen dürfe. »Der Staat hat im monetären Schlafzimmer der Bürger nichts zu suchen«, erklärte zum Beispiel der oberste Bankenvertreter im österreichischen Parlament, Michael Ikrath.[16] Ausgerechnet die Bankster rufen plötzlich den »persönlichen Datenschutz« an. Was sie in der Hitze des Arguments übersehen: Bei der arbeitenden Bevölkerung blicken die Finanzminister schon heute in allen EU-Staaten inklusive Österreich ganz selbstverständlich und schamlos ins pekuniäre Schlafzimmer: Löhne und Gehälter werden vollautomatisch und ungeschützt dem Finanzamt gemeldet und gleich auch noch den Sozialversicherungen. Die Begründung dieser »Datenschutzverletzung«: Wer würde wohl sonst Lohn- oder Einkommenssteuer und Sozialversicherungsbeiträge zahlen? Ginge es tatsächlich um den Schutz der Privatsphäre, müssten Steuern und Sozialbeiträge auf Masseneinkommen – analog zu Kapitalertragssteuern – als anonyme Quellensteuer eingehoben werden. Diese Forderung wird jedoch von keinem als Datenschützer maskierten Beihelfer zur Steuerhinterziehung erhoben.[17]

Wenn wir ganz grob unterstellen, dass bei der Vermögenszuwachssteuer das Mehraufkommen halb so hoch ist wie bei der Vermögenssteuer, kämen EU-weit 250 Milliarden Euro und in der Eurozone 180 Milliarden Euro zusammen. Die Rechnung geht so: Zwei Prozent Steuer auf das Vermögen des reichsten Zehntels der EU-Bevölkerung ergeben EU-weit 500 Milliarden und in der Eurozone 370 Milliarden Euro, siehe oben. Bei – konservativ – angenommenen Vermögenszuwächsen von vier Prozent pro Jahr würde eine *zusätzliche* Steuer von 25 Prozent auf die Zuwächse einem Prozent der Vermögenssubstanz entsprechen, also der Hälfte der zweiprozentigen Vermögenssteuer. 272 Milliarden plus 500 (370) Milliarden plus 250 (180) Milliarden ergibt 1022 (822) Milliarden Euro: Es summiert sich.

Voraussetzung der steuerlichen Erfassung aller Kapitaleinkommen wäre allerdings der »Vollausbau« der EU-Zinsrichtlinie. Diese sorgt dafür, dass Vermögenseinkommen von ausländischen StaatsbürgerInnen an das zuständige Heimatfinanzamt gemeldet werden, damit die Steuerflucht innerhalb der EU (sowie in einige Drittstaaten) unterbunden wird. Derzeit ist die Zinsrichtlinie jedoch noch so löchrig wie Schweizer Käse. Um sie wasserdicht zu machen, müsste sie ausgeweitet werden auf:

• juristische Personen;
• alle Kapitaleinkommen, auch Kursgewinne;
• Drittländer wie die Schweiz, Monaco oder Liechtenstein; weigern sich die Steueroasen, könnte der Kapitalverkehr in ihre Richtung besteuert oder eingeschränkt werden.

Ein Gesellschaftsvertrag beruht auf Rechten und Pflichten. Der »Preis« für den freien Kapitalverkehr muss sein, dass sich demokratische Gemeinwesen gegen Steuerflucht absichern. Sonst richtet der freie Kapitalverkehr mehr Schaden an, als er Nutzen stiftet.

Körperschaftssteuer

Die vierte und letzte Steuer betrifft die Unternehmensgewinne von Kapitalgesellschaften. Auch hier ist – analog zu den Vermögen – die Steuermoral in den letzten Jahren rapide gesunken. Viele börsennotierte Unternehmen zahlen trotz Milliardengewinnen so gut wie gar keine Steuern mehr oder erhalten sogar Steuergutschriften.[18] Eine Untersuchung der Arbeiterkammer Oberösterreich ergab, dass 196 von 556 Großunternehmen im Jahr 2003 eine Gewinnsteuer im Ausmaß von null bis 9,9 Prozent des ausgewiesenen Gewinns erbrachten.[19] Die »Bürger für Steuergerechtigkeit«, die in den USA die Geschäftsberichte von 280 der profitabelsten Unternehmen durchkämmten, kommen zu einem ähnlichen Ergebnis: 25 Prozent der Unternehmen zahlten höchstens zehn Prozent Körperschaftssteuer, obwohl der reguläre Satz 35 Prozent beträgt. Dreißig Unternehmen erhielten sogar Steuergutschriften, obwohl sie Gewinne im Ausmaß von 160 Milliarden US-Dollar erzielten.[20] In Deutschland trugen Kapitalgesellschaften 2008 nur noch 2,8 Prozent zum gesamten Steueraufkommen bei[21] – 1983 waren es noch vierzehn Prozent.[22] Auch für diesen Trend zeichnen der freie Kapitalverkehr bis in die letzte Steueroase, die politisch eingerichtete Standortkonkurrenz und die dadurch ermöglichten »Regulierungsarbitragegewinne« (Unternehmen suchen die Standorte mit den geringsten effektiven Steuern) verantwortlich. Das »Race to the bottom« dauert nun seit fast zwanzig Jahren an. Bereits 1992 schlug eine Expertenkommission unter dem Vorsitz des damaligen niederländischen Finanzministers Onno Ruding einen EU-weiten Mindest-Körperschaftssteuersatz von dreißig Prozent vor, »um der Gefahr eines starken Schwunds des Körperschaftssteueraufkommens zu begegnen«.[23] Zwanzig Jahre lang hat die Kommission in dieser Angelegenheit genau nichts zuwege gebracht (man vergleiche ihren Regulierungseifer beim Finanzbinnenmarkt), was auf den Lobby-Einfluss der Unternehmensverbände zurückgeht, die sich in der EU umso wohler fühlen, je erbitterter der Standort- und Steuerwettbewerb tobt – er ist die Grundlage ihrer (Erpressungs-)Macht.

Um den Steuerwettbewerb zu beenden, wären mehrere Schritte nötig:

a. die *Vereinheitlichung der Bemessungsgrundlage,* hier ist die Kommission zuletzt aktiv geworden;

b. ein EU-weiter *Mindest-Körperschaftssteuersatz* zwischen dreißig und vierzig Prozent;

c. die *Anrechnungsmethode bei Doppelbesteuerungsabkommen* mit Drittstaaten: Deklariert ein in der EU ansässiger Konzern einen Teil seiner Gewinne in einem Land außerhalb der EU, in dem ein geringerer Körperschafts-steuersatz gilt, wird die Differenz in der EU nachver-rechnet – das Verschieben von Gewinnen in Steuer-oasen würde sich nicht mehr lohnen;

d. das *Unitary-Taxation-Prinzip*: Die Steuern müssen in dem Land entrichtet werden, in dem der Konzern tat-sächlich tätig ist – gemessen an Umsatz, Beschäftigten und Kapitaleinsatz; dadurch wäre es für EU-Konzerne zwecklos, ihren Firmensitz in Steueroasen zu verlagern, denn solange sie in der EU die Wertschöpfung erzielen, müssen sie auch hier den aliquoten Anteil ihres Kon-zerngewinns versteuern.[24]

Mit diesen Maßnahmen ließe sich das KÖSt-Aufkom-men im Ausmaß von zumindest einem Prozent des EU-BIP erhöhen. Weitere 130 Milliarden Euro (Eurozone: 100 Mil-liarden) würden in die Staatskassen gespült.

3. Rückzahlung der Staatsschulden

In Summe brächten diese vier Steuerkategorien grob ge-schätzt zwischen 800 Milliarden Euro (Eurozone-17) und 1200 Milliarden Euro (EU-27). Damit ließen sich – in einer Phase eins – selbst die Staatsschulden Spaniens und Ita-liens in wenigen Jahren auf ein tragfähiges Niveau ab-bauen. Die gesamten öffentlichen Schulden der Eurozone belaufen sich auf rund acht Billionen Euro oder 90 Prozent des BIP der Euro-Staaten. Eine Halbierung auf 45 Prozent oder vier Billionen Euro könnte in wenigen Jahren geleis-tet werden. Die Vorteile wären zahlreich:

• keine Staatsanleihen würden ausfallen, keine Gläubi-gerIn würde geschädigt;
• kein Staat würde insolvent;
• es fänden keine Kettenreaktionen auf den Finanzmärk-ten statt;

- Hyperinflation und Währungsreform wären abgewendet;
- die Sparprogramme könnten gestoppt werden;
- die Rettungsschirme könnten eingepackt werden;
- ein Teil der Vertragsbrüche wäre beendet;
- Euro und EU wären gerettet;
- der gewonnene soziale Zusammenhalt würde die EU bei den Menschen beliebt machen.

Die vermögende Oberschicht, rund zehn Prozent der EU-Bevölkerung, könnte dies mit dem einen oder anderen Prozent ihrer Vermögen leisten. Aufgrund des hohen Gesamtaufkommens wäre ein Prozent auf die Vermögenssubstanz und ein weiteres Prozent über die Besteuerung der Zuwächse ausreichend – also durchschnittlich zwei Prozent auf die Vermögen des reichsten Zehntels. Gemessen am durchschnittlichen Wachstum dieser Vermögen in den letzten Jahrzehnten wäre der Beitrag so gering, dass das Wachstum der Vermögen nicht einmal unterbrochen, nur verlangsamt würde – ein zumutbarer Beitrag nach 25 außergewöhnlich fetten Jahren für die Oberschicht.

Bei genauerer Betrachtung handelt es sich bei diesem Vorschlag um eine Kreisverkehr-Lösung: Die Vermögenden zahlen sich über moderate Steuern die übermäßigen Schulden, die sie selbst in Form von Forderungen halten, zurück. Systemisch gilt: Ein Abbau der Schulden ist nur mit einer Verringerung von Vermögen möglich! Sonst gleichen sich die Vermögens- und Verschuldungsseite in der gesamtwirtschaftlichen Finanzierungsrechnung nicht aus. (Ausnahme: Vermögen werden nicht auf die Bank getragen, sondern unter dem Kopfpolster oder im Sparstrumpf gehortet – dann stehen ihnen bilanztechnisch keine Schulden gegenüber. Billionen passen aber nicht in Strümpfe.)

4. Fixverzinste Eurobonds ...

800 bis 1200 Milliarden Euro sind knapp zehn Prozent des Eurozone-/EU-BIP. Das wäre noch immer kein Bundesstaat oder »EU-Staat«, aber ein Haushalt, der dem gegenwärtigen Kompetenzumfang der EU würdiger ist als das einsame Prozent, das der aktuelle EU-Etat gemessen am EU-BIP ausmacht.

Es bestünde die Möglichkeit, diese vier Steuern dauerhaft beizubehalten, um damit die EU zu finanzieren und den Zusammenhalt in der Union zu stärken. Was könnte die EU nach der Abtragung der übermäßigen Schulden – was fünf bis zehn Jahre dauern würde – finanzieren? Hier böte sich etwas an, das der EU bisher ein Fremdwort war: öffentliche Güter, wie zum Beispiel ein EU-weit kostenlos zugängliches Internet, ein EU-weites kostenlos oder zu einem sehr geringen Beitrag zugängliches Bahnnetz oder auch eine EU-weite Arbeitslosenversicherung, um die immer menschenunwürdigeren Existenzbedingungen zu beenden. Die Jugendarbeitslosigkeit ist nicht deshalb in 17 von 27 Mitgliedstaaten auf über zwanzig Prozent hochgeschnellt, weil plötzlich jeder fünfte Jugendliche »faul« geworden ist, sondern weil der »freie Markt« zu wenig bezahlte Arbeit nachfragt und die Globalisierung auch nicht den verheißenen Segen über die Generationen von morgen ergießt.

Damit nicht große Teile der Bevölkerung aus dem Gesellschaftsvertrag kippen, muss die Arbeitszeit deutlich verkürzt, die Ausbildung besser finanziert und attraktiver gemacht oder eine beträchtliche Zahl sinnvoller öffentlicher Arbeitsplätze geschaffen werden – in den Bereichen Bildung, Gesundheit, Pflege, öffentlicher Verkehr, Kommunikation, ökologische Landwirtschaft, erneuerbare Energien, freie Software, freie Hardware und anderen. Am besten, man kombiniert alle drei. Dazu kann das höhere EU-

Budget dienen. Im Gegenzug könnten die gegenwärtigen EU-Beiträge vollkommen gestrichen und damit auch die nationalen Haushalte gestärkt werden.

Diesen blieben nach der Entschuldung maximal sechzig Prozent Staatsschulden. Sechzig Prozent, eines der Maastricht-Kriterien, sind ein willkürlicher Wert, aber ein möglicher Orientierungspunkt, der derzeit als »ungefährlich« angesehen wird. Diese sechzig Prozent könnten durch niedrig verzinste Eurobonds finanziert werden – mit gewaltigen Ersparnissen für die EU-SteuerzahlerInnen. Selbst wenn diese Euro-Verbundanleihen nur im Ausmaß der Inflation verzinst wären oder fix mit zwei Prozent, würden sie vermutlich reißenden Absatz finden, weil, wie schon argumentiert, das global immer reichlicher vorhandene Finanzkapital in Zukunft immer verzweifelter nach sicheren Anlageformen suchen wird.

5. … oder besser gleich: Bankwechsel!

Es ginge allerdings noch einfacher und billiger: Anstatt (immer noch) verzinste Eurobonds zu emittieren, könnte die EZB direkt Kredite an Staaten vergeben. Zinsfrei. Und im Ausmaß von eben maximal sechzig Prozent der Wirtschaftsleistung. Es gibt keinen vernünftigen Grund, warum Staaten Kredite auf den Finanzmärkten aufnehmen müssen – zu horrenden Wucherpreisen und unter der ständigen und bedrohlichen Beurteilung durch private Ratingagenturen und »die Finanzmärkte«, anstatt das Geld direkt aus der »eigenen« staatlichen Quelle zu erhalten: der Zentralbank.

Derzeit beteiligen sich in Deutschland nur vierzig Banken[25] und in Österreich 26 Banken[26] am sogenannten Bieterverfahren auf dem Primärmarkt. Sie bestimmen das Zinsniveau frisch ausgegebener Staatsanleihen. Manchmal sind es zwei Prozent (zehnjährige deutsche Staatsanleihen), manchmal 47 Prozent (zweijährige griechische Anleihen).

Diese Situation ist doppelt grotesk: Der Staat bekommt selbst kein Geld von seiner eigenen Zentralbank und muss sich teuer bei einer Handvoll privater Banken verschulden, die den Preis dafür festlegen. Die privaten Banken können sich ihrerseits extrem kostengünstig bei der staatlichen Zentralbank refinanzieren. Die EZB spielt seit 2008 den »Lender of last resort« für Banken – nur dadurch konnten die privaten Banken überleben; warum spielt die EZB nicht gleichermaßen den »Lender of last resort« für Staaten? Sollen diese eher bankrottgehen als Geschäftsbanken?

Mit dem Zugang von Staaten zur Zentralbank würde Geld ein wenig mehr zu einem – demokratisch kontrollierten – öffentlichen Gut.[27]

Das einzig denkbare Gegenargument könnte lauten, dass dieses Instrument inflationär missbraucht und mehr als die sechzig Prozent durch die EZB finanziert werden könnte. Natürlich ist Missbrauch – auch bei vertraglicher Begrenzung – möglich, doch ist die Wahrscheinlichkeit eines Vertragsbruchs nicht höher als jeder andere Vertragsbruch. Mit dem Argument, eine rechtsverbindliche Regel würde nicht eingehalten, lässt sich *jede* Regel verhindern. Hier ist zunächst einmal die sinnvollste Regel gefragt. Und die lautet: Staaten erhalten Kredit nicht über den teuren Umweg der Geschäftsbanken oder Finanzmärkte, sondern direkt und nahezu kostenlos von der Zentralbank.

Die etwas andere Schuldenbremse

Um die Einhaltung der Regel sicherzustellen, könnte folgender Sanktionsmechanismus vereinbart werden: Staaten, die sich – über den Konjunkturzyklus – im Ausmaß von mehr als sechzig Prozent des BIP verschulden, müssen ihre (Vermögens-)Steuern so lange anheben, bis sie wieder im »grünen« Bereich sind. Am besten wäre, die »Stabilisatoren« würden automatisch greifen. Das wäre eine Art Schuldenbremse, aber nicht eine, die automatisch zu Sparschnitten führt, wie sie bisher diskutiert wird, sondern eben zu höheren Steuern. Die Steuer-Schuldenbremse wäre demokratischer als die Spar-Schuldenbremse, sie würde das Problem lösen, dass Regierungen, die nur für vier oder fünf Jahre gewählt werden, überbordende Schulden aufnehmen. Mit der Steuer-Schuldenbremse hätten die WählerInnen die freie Wahl: Sie können eine Regierung wählen, die unterhalb des Schuldenmaximums bleibt, oder aber sie tragen direkt die Verantwortung dafür, dass die Regierung, die sie gewählt haben, dies nicht geschafft hat, indem der Wahlauftrag über höhere Steuern »nachgeholt« wird.

Mit dem »Bankwechsel« des Staates von den Geschäftsbanken zur Zentralbank würde alles ein wenig leichter: Er würde die öffentlichen Haushalte in Deutschland um jährlich 62 Milliarden Euro entlasten und in Österreich um 8,5 Milliarden Euro – die aktuellen Zinskosten für die Staatsschulden.

Abschied vom Zinsanspruchsdenken

Manche Menschen betrachten Staatsschulden prinzipiell als schlecht. Doch in einer Volkswirtschaft gilt: Wenn einer der Sektoren – Haushalte, Unternehmen, Staat – sparen möchte, dann muss sich ein anderer verschulden – zumindest wenn es auf die Sparvermögen Zinsen geben soll. Je größer die Finanzvermögen der Haushalte werden, desto mehr müssen sich Unternehmen und Staaten verschulden, damit die Haushalte ihre Ersparnisse noch verzinst bekommen. Das geht natürlich nicht ewig gut. Je größer die privaten Vermögen im Verhältnis zur realen Wirtschafts-

leistung werden, desto geringer sind – bei gleicher Verteilung – die möglichen Renditen auf diese Vermögen. Langfristig tendieren sie gegen null. Die Lösung besteht darin,
dass die Sparenden die Erwartung loslassen, dass ihre Ersparnisse verzinst werden. So logisch die Verzinsung von
Geldanlagen nach dem Krieg wegen der fast vollständi-
gen Vernichtung des Kapitalvermögens war – jeder Spar-
groschen wurde gierig von den investierenden Unternehmen aufgesogen –, so unrealistisch ist das in Zeiten, in
denen die Finanzvermögen ein immer größeres Vielfaches
der realen Wirtschaftsleistung ausmachen. Schon heute
übersteigt das globale Vermögen die Weltwirtschaft um
mehr als das Dreifache. Ist das Finanzvermögen dereinst
hundertmal so groß wie die Wirtschaftsleistung, würde ein
nur einprozentiger Zinsanspruch erfordern, dass die gesamte jährliche Wertschöpfung (Wirtschaftsleistung) für
die Bedienung dieses Verzinsungsanspruches draufgeht:
Niemand könnte auch nur einen Euro Lohn oder Gehalt
empfangen, der Staat hätte keine Steuereinnahmen mehr.

Früher oder später müssen wir das Zinsdenken also
aufgeben. Da stellt sich die Frage, ob es nicht klüger wäre,
diesen Anspruch gleich loszulassen? Was dafürspricht:
Wenn wir kein Einkommen mehr auf unser Kapitalvermö-
gen erhoffen, nehmen wir Wachstumsdruck von der Wirtschaft. Denn solange wir die Erwartung haben, dass unser
Kapital immer mehr wird, muss die Wirtschaft ebenso un-
aufhörlich wachsen. Doch Kapitalvermehrung sollte nicht
das Ziel der Wirtschaft sein; sie führt erstens zu ungerechter Verteilung, zweitens zu systemischer Instabilität; und
drittens schlummert in dieser Erwartung eine ökologische
Zeitbombe, die besser frühzeitig als durch Explosion entschärft werden sollte. Ziel des Wirtschaftens ist die Meh-
rung des Gemeinwohls, nicht des Finanzkapitals.[28]

6. Kapitalverkehr beschränken

Wie schon erwähnt resultiert die Macht des Kapitals zu einem guten Teil aus dem freien Kapitalverkehr und der Drohung mit Standort- und Steuerflucht. Obwohl die Politik dem Kapital diesen Fluchtweg erst vor kurzem freigeräumt hat, gibt es in öffentlichen Diskussionen so gut wie kein Bewusstsein dafür, dass es sich um ein politisch beschlossenes Gesetz handelt, das wie jede menschengemachte Regel wieder verändert werden kann. Viele Menschen glauben, der freie Kapitalverkehr sei ein Naturgesetz, gegen das die Politik machtlos sei. Wenn aber eine Regel immer wieder so schweren Missbrauch und Erpressung bewirkt, sollten wir die Regel ändern: Freier Kapitalverkehr nur mit all jenen Jurisdiktionen, welche steuerrelevante Daten – Vermögen und Einkommen – automatisch an die zuständigen Finanzämter melden. Wenn die Steuer am Hauptwohnsitz anfällt, bräuchte es nicht einmal harmonisierte Steuersätze. Das (ohnehin meist nur digitale) Deponieren von Milliarden auf den Cayman Islands wäre sinnlos, wenn die Cayman Islands dem französischen, deutschen oder österreichischen Finanzamt diese Vermögen und die darauf erzielten Einkommen automatisch melden würden (Prinzip der EU-Zinsrichtlinie). Verweigert eine Steueroase diese Gegenleistung für den freien Kapitalverkehr, gibt es eben keinen freien Kapitalverkehr.

Was in diesem Zusammenhang auch nahezu unbekannt ist: Das Geld geht nicht einfach »per Mausklick« von Deutschland in die Schweiz oder auf die Cayman Islands, sondern es wechselt von der Hausbank des Vermögenden zu einer der wenigen Clearing-Banken, auf der die deutsche Hausbank ein Konto hat, und von dort auf das Konto der Steueroase-Bank. Technisch wäre es ein Kinderspiel, Finanztransaktionen in Jurisdiktionen, die nicht kooperieren, mit einem saftigen Aus- und Einreisesteuersatz zu belegen – schon wäre die Steuerflucht unattraktiv. Auch möglich wäre, dass Banken, die in Steueroasen sitzen, kein Konto bei der Clearing-Bank erhalten – das wäre das Ende des freien Kapitalverkehrs für BeihelferInnen zur Steuerflucht.

Das Clearing, die Abwicklung des grenzüberschreitenden Kapitalverkehrs, wird derzeit zum Teil von den öffentlichen Zentralbanken und zum Teil von nur drei privaten Clearing-Banken in Belgien und Luxemburg durchgeführt.[29] Es würde ausreichen, diesen drei privaten Instituten einige Regeln vorzugeben – so wie den Banken jede Menge anderer Regeln vorgegeben werden. Oder das Clearing gleich zu einer öffentlichen Domäne als Teil des Systems der Zentralbanken zu machen. Dazu braucht es allein den politischen Willen. Voraussetzung für diesen ist zunächst, dass diese Informationen überhaupt an die breite Öffentlichkeit gelangen. Dann wird die Propaganda der Plutokraten, der freie Kapitalverkehr sei ein Naturgesetz, entlarvt und wirkungslos. Das oft gebrachte Argument, dass das Kapital im Zeitalter des Internets nicht besteuert werden kann, ist eines der absurdesten der Globalisierungsdebatte überhaupt: Kein Weg ist leichter nachzuverfolgen als der über das Internet! Technisch war Steuerflucht leichter, als die vollen Geldkoffer noch händisch und heimlich über Staatsgrenzen geschmuggelt werden mussten. Da die Reichen immer reicher werden, müssten heute ganze Schmuggel-Karawanen mit Hunderten von Koffern, Säcken und Taschen angeheuert werden …

Das ist passé. Im Internet-Zeitalter gilt: Die Banken müssen ihre Software so verfassen, wie der Gesetzgeber es will, sonst erhalten sie keine Lizenz. Dafür, dass der Staat Geld in Umlauf bringt, muss er auch die Regeln festlegen, nach denen die BürgerInnen das Geld verwenden dürfen. Und erst recht die Banken. Geld ist ein öffentliches Gut. Die Flucht vor dem Finanzamt ist zu Ende!

Staatsverschuldung in % des Bruttoinlandsprodukts

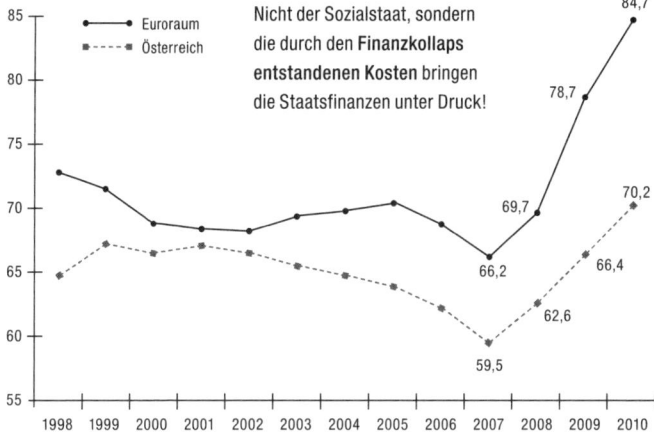

Nicht der Sozialstaat, sondern die durch den **Finanzkollaps** entstandenen **Kosten** bringen die Staatsfinanzen unter Druck!

Quelle: Gerti Jahn nach: Eurostat (Stand: Mai 2010), Staatsschuldenausschuss (30. Juni 2010); inkl. Prognose

Anmerkungen

1 Spiegel online, 25. August 2011.

2 IHS (2009), 9.

3 SCHULMEISTER (2011), 33.

4 Durchgesickerter und Attac zugespielter Gesetzesentwurf der Kommission: http://www.attac.at/9676.html

5 DEUTSCHES INSTITUT FÜR WIRTSCHAFTSFORSCHUNG (2009), 59. BUNDESMINISTERIUM FÜR SOZIALE SICHER-HEIT, GENERATIONEN UND KONSUMENTENSCHUTZ (2004), 248.

6 CAPGEMINI & MERRILL LYNCH (2011), 7.

7 OECD Revenue Statistics 2010, Table 22.

8 Statistisches Bundesamt und Deutsche Bundesbank: Ergebnisse der Gesamtwirtschaftlichen Finanzierungsrechnung für Deutschland 1991 bis 2008, Statistische Sonderveröffentlichung 4, Frankfurt am Main, Juni 2009.

9 Finanzvermögen von rund 450 Milliarden und Immobilienvermögen von rund 900 Milliarden. Quellen: FESSLER /

MOOSLECHNER / SCHÜRZ / WAGNER (2009) und OESTER-
REICHISCHE NATIONALBANK (2011).

10 CREDIT SUISSE (2010), 4.

11 www.appell-vermoegensabgabe.de

12 ORF online, 22. September 2011.

13 Paul Krugman: »The Conscience of a Liberal«, W. W. Norton &
Company, New York 2007.

14 New York Times, 2. August 2011.

15 »Ende mit Schrecken. Haircut für die ganze Welt«, in:
Die Presse, 8. Oktober 2011 und BOSTON CONSULTING
GROUP (2011).

16 Österreichische Sparkassenzeitung, Nummer 3, März 2008.

17 Vgl. FELBER (2011).

18 Vgl. SCHMIEDERER / WEISS (2005).

19 ARBEITERKAMMER OBERÖSTERREICH (2004).

20 Citizens for Tax Justice: http://ctj.org/ctjreports/2011/11/
corporate_taxpayers_corporate_tax_dodgers_2008-2010.php

21 »Steueroase Deutschland«, in: Der Spiegel, 31. August 2009.

22 SCHMIEDERER / WEISS (2005), 14.

23 KOMMISSION DER EUROPÄISCHEN GEMEINSCHAFTEN
(1992), 15.

24 LIEBERT (2009).

25 ABN AMRO Bank, Banca IMI, Banco Bilbao Vizcaya Argentaria,
Banco Santander, Bankhaus Lampe, Barclays Bank, Bayerische
Landesbank, BHF-Bank Aktiengesellschaft, BNP Paribas, Citi-
group Global Markets Limited, COMMERZBANK Aktiengesell-
schaft, Crédit Agricole Corporate and Investment Bank, Credit
Suisse Securities (Europe) Limited, DekaBank (Deutsche Giro-
zentrale), DEUTSCHE BANK AKTIENGESELLSCHAFT, DZ
BANK AG (Deutsche Zentral-Genossenschaftsbank), Goldman
Sachs International, HSBC Trinkaus & Burkhardt AG, ING Bank
N.V., Jefferies International Limited, J. P. Morgan Securities Ltd.,
Landesbank Baden-Württemberg, Landesbank Hessen-Thü-
ringen Girozentrale, Merrill Lynch International, Mizuho International plc, Morgan Stanley & Co. International plc, Natixis,
Nomura Bank (Deutschland), Norddeutsche Landesbank Girozentrale, Nordea Bank Finland, RBC Europe Limited, Scotia-
bank Europe, Société Générale, State Street Bank and Trust
Company (London Branch), The Royal Bank of Scotland (Nie-
derlassung Frankfurt), UBS Deutschland, UniCredit, WestLB.

26 Barclays Capital, BAWAG P.S.K., BNP Paribas, Citigroup Global
Markets Limited, Commerzbank AG, Crédit Agricole CIB,
Credit Suisse Securities (Europe), Deutsche Bank Aktiengesellschaft, Erste Group Bank AG, Goldman Sachs International,
HSBC France, J. P. Morgan Securities, Merrill Lynch International, Morgan Stanley & Co. International, Nomura International,
Oberbank AG, Österreichische Volksbanken-Aktiengesell-
schaft, Raiffeisen Bank International, Raiffeisenlandesbank
Oberösterreich Aktiengesellschaft, Royal Bank of Scotland,
Société Générale, UBS AG.
27 Vgl. ATTAC ÖSTEREICH (2010).
28 FELBER (2010) und (2012b).
29 ATTAC ÖSTERREICH (2009b).

IV. Globo, D-Mark, Regio

In den Kapiteln II und III versuchte ich zu zeigen, dass die Lösungen A, die Übernahme der Schulden, B, die Streichung der Schulden, und C, Inflationierung, nicht funktionieren oder mit zu hohem Risiko behaftet sind. Dagegen ist Lösung D, die Tilgung der Schulden, die einzig technisch gangbare. Sie ist bisher am politischen Willen und an den gesellschaftlichen Machtverhältnissen gescheitert. Mit der Studie der Boston Consulting Group habe ich erstmals Hoffnung, dass mein Vorschlag doch noch breiter diskutiert wird.

1. Die Voraussetzungen für eine Währungsunion

Doch selbst wenn das »Vier-Steuern-Paket« umgesetzt würde, könnte es zwar den Zusammenbruch der Eurozone verhindern, es würde aber nichts an den gefährlichen Leistungsbilanzungleichgewichten ändern und auch nicht an der Instabilität der Finanzmärkte, den beiden zentralen Auslösern der Staatsschuldenkrise. Schon gar nicht verschwänden die Systembanken. Mittel- und langfristig braucht es daher drei Rahmenbedingungen für einen stabilen Euro, ohne die eine Währungsunion früher oder später wieder auseinanderbricht:

1. Regulierung der Finanzmärkte (u.a. Verhinderung von systemrelevanten Banken), siehe Kapitel V.;
2. koordinierte Lohnpolitik (d.h. Ende des Handelskrieges);
3. Kooperation in der Steuerpolitik (»Fiskalunion«).

Das weitverbreitete und auch medial geprägte Bild der gegenwärtigen Krise innerhalb der Eurozone ist, wie schon angeschnitten, dass die Deutschen tüchtig sind und sparsam und deshalb gute Haushaltskennzahlen aufweisen und Stabilitätsgarant innerhalb der Eurozone sind, während die Mittelmeerländer von Faulheit und laxer Budgetpolitik geprägt und schuld an der Euro-Krise sind. Wenn es denn so einfach wäre! Mit ein wenig Bereitschaft zu systemischem (volkswirtschaftlichem) Denken entsteht ein ganz anderes Bild: Ein Handelssystem kann auf Dauer nur funktionieren, wenn sich alle Mitglieder gleich viel abkaufen, wie sie sich verkaufen. Kaufen die einen den anderen dauerhaft mehr ab, als sie ihnen verkaufen, verschulden sie sich bei diesen, und früher oder später kommt es zum Zusammenbruch, der den VerkäuferInnen genauso schadet wie den KäuferInnen. Ein »traditioneller« Ausweg, die Abwertung der Währung der Defizitländer, ist seit Beginn der Währungsunion 1999 und der Einheitswährung Euro versperrt. So lässt sich ein Zeitungskommentar verstehen: »Der gemeinsame Währungsraum ist für die Mitgliedstaaten zum Gefängnis geworden, aus dem es kein einfaches Entkommen gibt.«[1]

Will also ein Handelssystem innerhalb einer Währungsunion dauerhaft und stabil florieren, müssen alle Beteiligten ausgeglichene Handelsbilanzen anstreben. Und das geht am besten über eine gemeinsame Lohnpolitik. Die Lohnpolitik ist der Ansatzpunkt, weil sie für die Preisentwicklung (Inflation) und damit die Wettbewerbsfähigkeit hauptverantwortlich ist. Nach einer Faustregel sollten die Löhne in einer Volkswirtschaft mit der Produktivität plus der Zielinflationsrate der Zentralbank wachsen – oder kurz gesagt die Nettolöhne mit der Produktivität.[2] Steigt die Produktivität in allen Ländern eines Handelsverbundes gleich schnell, dann bleiben die Preisrelationen dann konstant, wenn auch die Löhne gleich schnell steigen. Bleibt hingegen die Lohnentwicklung in einem Land zurück und steigen die Löhne in einem anderen Land mit der Produktivität oder sogar noch schneller, dann verändern sich die Preisrelationen und damit die Wettbewerbsverhältnisse. Das Land, in dem die Löhne zurückbleiben, stellt dieselben Produkte in Relation immer billiger her, während das Land, das die »Lohnregel« einhält oder noch raschere Lohnerhöhungen vornimmt, teurer wird und an Wettbewerbsfähigkeit verliert. Wiederholt sich dieses Muster über Jahre, entwickelt das Land mit der Lohnzurückhaltung einen immer größeren Wettbewerbsvorteil. Es wird einen wachsenden Handelsbilanzüberschuss erzielen, während das Lohnregel-Land ein spiegelbildliches Handelsdefizit aufbaut. (Die Summe aller Handelsbilanzen der Welt ist stets null.)

Genau das ist innerhalb der Eurozone passiert: zwischen Deutschland (Holland und Österreich) auf der einen Seite und Griechenland (Spanien, Portugal und Frankreich) auf der anderen. Im Zeitraum 2005 bis 2010 erzielte Deutschland einen jährlichen Leistungsbilanzüberschuss von sechs Prozent seiner Wirtschaftsleistung (Niederlande 6,6 Prozent, Österreich 3,2 Prozent) und Griechenland ein Rekorddefizit von minus 13,5 Prozent (Portugal minus 10,8; Spanien minus 7,7; Frankreich minus 2,5).[3] Der Preisvorteil Deutschlands gegenüber den defizitären Mittelmeerländern beläuft sich seit Beginn der Währungsunion auf rund 25 Prozent.[4]

Während Deutschland infolge der jahrelangen Überschüsse große Vermögen und Forderungen aufgebaut hat, türmen sich in Griechenland die privaten und öffentlichen Schulden. Vermögen und Schulden sind immer zwei Seiten ein- und derselben Medaille. Kaum wo wird das klarer als beim Handel zwischen zwei Nationen. Strukturelle Han-

delsungleichgewichte sind ein sicherer Krisenauslöser.
Die Krise der Eurozone hat mehrere Ursachen:

1. die hochgeschnellten öffentlichen Schulden infolge der
   Bankenrettung und der *krisenbedingten Rezession* – in
   der EU von 59 Prozent des BIP 2002 auf 83 Prozent 2012;
2. *Steuerwettbewerb* und fehlende Steuerkooperation;
3. die *Handelsungleichgewichte* und die dadurch verur-
   sachten Haushaltsprobleme der Defizitländer;
4. »Eigenbeitrag« wie *Korruption, schlampiger Steuervoll-
   zug* oder zu hohe Militärausgaben (Griechenland).

In der öffentlichen Diskussion werden die ersten
drei – systemischen – Ursachen unterbelichtet oder gänz-
lich weggeblendet und die vierte Ursache überbelichtet bis
für allein verantwortlich erklärt. So wird aus einer systemischen Krise eine »individuelle«. Der Parlamentarische
Geschäftsführer der FDP im Bundestag, Otto Fricke, erklärte noch Mitte 2011: »Wir haben keine Euro-Krise, sondern eine Staatsschuldenkrise.«[5] Der CDU-Abgeordnete
Wolfgang Bosbach sah es genauso: »Im Grunde haben wir
keine Euro-Krise, sondern eine Staatsschulden-Krise der
Länder der südlichen Euro-Peripherie.«[6] Doch Griechenland ist für seine Lage ungefähr so verantwortlich wie ein
arbeitsloser spanischer Jugendlicher für seine Arbeitslosigkeit. Die Jugendarbeitslosigkeit in Spanien beträgt 45 Prozent – manche Probleme sind eben systemisch und nicht
individuell.

Um aus der misslichen Lage wieder herauszukommen,
müsste Griechenland über Jahre hinweg geringere Lohn-
steigerungen vornehmen als Deutschland, sprich: deut-
liche Reallohnverluste. Und selbst dann wäre nur das
Ausgangsniveau wieder erreicht. Um die Schulden aber
zurückzahlen zu können, müsste Griechenland Überschüsse erwirtschaften, also noch weiter seine Wettbewerbsfähigkeit verbessern. Und hier stellt sich die Frage,
ob es vernünftiger ist, dass Deutschland an seiner Politik

der Lohnzurückhaltung festhält und die Reallöhne auch die nächsten Jahre stagnieren; dann müssten die Reallöhne in Griechenland um rund dreißig Prozent sinken; oder dass Griechenland die Löhne weiterhin im Ausmaß der Produktivität erhöht und Deutschland entsprechend höhere Lohnabschlüsse vornimmt.

Was ist klüger? Bei der zweiten Variante wird amüsanterweise oft eingewandt, dass Deutschland damit an Wettbewerbsfähigkeit auf dem Weltmarkt verlöre. Ja richtig, genau das ist das Ziel! Denn Deutschlands Handelsüberschüsse sind das Problem. Um keine Missverständnisse zu erzeugen: Das Ziel ist nicht, dass Deutschland ein Defizit anstrebt und sich verschuldet, sondern ausgeglichen bilanziert und anderen Ländern endlich gleich viel abkauft, wie es ihnen verkauft. Sonst muss sich immer ein Sündenbock finden, der sich gegenüber Deutschland verschuldet und in eine Schuldenkrise schlittert.

Was in der Fleiß-Faulheit-Bilanz auch selten dargestellt wird: Deutschland subventioniert seine Wirtschaft Jahr für Jahr mit über zwanzig Milliarden Euro – jenseits aller Bankenhilfen. In Frankreich sind es nur 10,4 Milliarden, in Italien 5,5 Milliarden, in Spanien 4,9 Milliarden und in Großbritannien 4,2 Milliarden.[7] Der Exporterfolg der Deutschen beruht also neben Lohndumping auch auf unverhältnismäßig hohen staatlichen Subventionen.

Fazit: Das Problem lässt sich nur gemeinsam – systemisch – lösen. Damit Griechenland innerhalb der Eurozone an Wettbewerbsfähigkeit gewinnen kann, müsste Deutschland mitspielen und mit den Löhnen mindestens zehn Jahre lang deutlich stärker hinaufgehen als Griechenland. Um das Auseinanderdriften zu verhindern, könnten sich alle Länder auf eine »Lohnregel« verständigen: Die Löhne steigen im Ausmaß der Produktivität, wodurch die Lohnstückkosten konstant bleiben. Wenn in einem Land die Produktivität geringer ansteigt, steigen auch die Löhne geringer an und die Preisrelationen bleiben gleich.

Eine Übereinkunft, dass sich alle an die Lohnregel halten, wäre noch keine »Wirtschaftsregierung«, sondern ein weiteres »Konvergenzkriterium« oder noch exakter ein »Gleichgewichtskriterium«. Das ist der Preis einer Handels- und Währungsunion. Heiner Flassbeck schreibt: »Europa braucht weder eine neue Institution noch eine Diskussion über Insolvenz [...] Die EWU braucht eine koordinierte Lohnpolitik [...] Das ist der zentrale Zusammenhang, um den es im Verhältnis von Handelssystem zu Währungssystem geht.«[8]

Gemeinsame Fiskalpolitik

Ganz unbekannt war die Gefahr des Auseinanderdriftens der Wirtschaften innerhalb der Eurozone natürlich nicht, weshalb die Regierungen Vorsorge trugen und den Stabilitäts- und Wachstumspakt beschlossen, mit dem ein Auseinanderdriften der Volkswirtschaften und das Aus-dem-Ruder-Laufen der Haushalte verhindert werden sollte. Denn mit dem Kollaps eines Haushalts wäre der ganze Euro kaputt. Die berühmt-berüchtigten Maastricht-Kriterien legten den Haushalten der Euroländer ein straffes Korsett an: nicht mehr als drei Prozent Budgetdefizit, nicht mehr als sechzig Prozent Staatsverschuldung. Das Problem am ehrgeizigen Pakt: Er wurde nicht ernst genommen. Vor allem von den beiden großen Euro-Staaten Frankreich und Deutschland. Deutschland provozierte gleich viermal den blauen Brief, es geschah jedoch – nichts. Obwohl der Stabilitätspakt sogar pekuniäre Pönalen vorsieht – bis zu 0,5 Prozent des BIP. Offenbar schreckten die EU-Staaten davor zurück, sich gegenseitig Sanktionen zuzumuten. Wenn aber die Regeln nicht durchgesetzt werden, hätte man sich die Maastricht-Kriterien ersparen können.

Aus meiner Sicht das Hauptproblem an den Maastricht-Kriterien: Sie sagen nicht nur nichts über die Koordination der Steuerpolitik aus, sondern sie werden durch den Steuerwettbewerb sogar konterkariert. Denn wenn ein Staat, der sich in einer prekären Budgetlage befindet, die Steuern nicht erhöhen kann, weil er fürchten muss, dass Vermögende und Unternehmen ins Ausland flüchten, verlieren die EU-Mitglieder stark an Handlungsspielraum. Das Maastricht-Korsett zwingt Staaten mit Budgetproblemen infolge des Steuerwettbewerbs zu Ausgabenkürzungen, was die soziale Verteilungslage verschlimmert und das Land tendenziell in die Rezession treibt, siehe Griechenland.

Zu Steuer*erhöhungen* ermahnte die EU-Kommission noch nie, auch Griechenland nicht. Die laxe Steuereintreibung war *vor* der Krise kein Stein des Anstoßes, obwohl die Steuerschulden laut Athen 42 Milliarden Euro ausmachen (fast zwanzig Prozent der Wirtschaftsleistung)[9], und die jährliche Steuerhinterziehung in Griechenland auf 13 Prozent des BIP geschätzt wird.[10] Würde Griechenland gemessen an seiner Wirtschaftsleistung gleich viele Steuern und Abgaben einheben wie Österreich, es hätte in den Jahren 2005 bis 2010 einen jährlichen Budgetüberschuss von 2,4 Prozent seiner Wirtschaftsleistung erzielt und die Staatsschulden Jahr für Jahr verringert. (Die Abgabenquote in Griechenland betrug 2005 bis 2010 laut Eurostat 31,2 Prozent des BIP und in Österreich 42,2 Prozent.) Aber hier sagte – bisher – keiner etwas. Das Konvergenzkriterium »Abgabenquote mindestens vierzig Prozent der Wirtschaftsleistung« existiert in der EU nicht.

Mit ein bisschen Fiskalunion – durch die beschriebene Steuerkooperation bei Finanzumsätzen, Unternehmensgewinnen, Kapitaleinkommen und Großvermögen – wären die Haushalte der EU-Mitglieder problemlos zu sanieren. Offenbar lassen die politischen Eliten die EU aber lieber zerschellen, als den Vermögenden auch nur einen Cent Steuern abzuverlangen.

Ausweitung der Fiskalpolitik auf die EZB

Eine mögliche Fiskalunion hat mehr Facetten als Steuerkooperation und Haushaltsdisziplin (»Schuldenbremse«). Auch die Zentralbank kann ihren Beitrag zur Staatsfinanzierung leisten. Doch derzeit war die Vorstellung, die EZB könnte direkt Kredite an Staaten vergeben, damit sich die StaatsbürgerInnen bzw. SteuerzahlerInnen den teuren und unnötigen Umweg über Banken und Finanzmärkte ersparen, für die meisten ÖkonomInnen tabu. Triftige Argumente dagegen – außer des möglichen maßlosen Gebrauchs, der zu Inflation führen würde – gibt es keine.

Neben dem Kredit-Tabu gibt es ein noch strengeres Tabu: die *Schenkung* von Zentralbankgeld an den Staat zur Finanzierung seiner Ausgaben. Bei diesem Vorschlag schlagen klassische ÖkonomInnen in der Regel die Hände über dem Kopf zusammen. Dabei liegt diese Alternative auf der Hand: Der Zuwachs der Geldmenge im Ausmaß der Wirtschaftsleistung könnte anstatt als Kredit über Geschäftsbanken als Geschenk von der Zentralbank an die Staaten ausgegeben werden. Bei einem zweiprozentigen Wirtschaftswachstum wären dies im Falle Deutschlands knapp sechzig Milliarden Euro pro Jahr, für Österreich knapp sechs Milliarden Euro.[11]

Gemeinsam mit der Zinsersparnis aus dem »Bankwechsel« der Staaten wären dies für Deutschland bereits 120 Milliarden Euro pro Jahr, für Österreich 14,5 Milliarden Euro. Vielleicht wären das passende Forderungen für die »Occupy«-Bewegung, die vor der EZB in Frankfurt eines ihrer Basislager aufgeschlagen hat.

Die Ausweitung der Geldmenge durch die Zentralbank ist eine kostenlose Finanzierungsquelle, die die Staaten ungenützt lassen – aus völlig unbegründeter Inflations-angst. Denn zusätzliches Geld kommt bei wachsender Wirtschaft auch heute in Umlauf, nur eben als verzinster Kredit über das Bankensystem und damit a) über höhere Schulden, b) umverteilend von der Allgemeinheit zu den Vermögenden und c) Wachstumszwang auslösend, weil mehr zurückgezahlt werden muss, als ausgegeben wurde.

Das Nachdenken über die Organisation des Geldwesens ist offenbar so verboten, dass nicht einmal die einfachsten und einleuchtendsten Reformen diskutiert werden. Viel-leicht, weil sonst am Ende das Geldwesen noch demokra-tisch neu organisiert werden könnte. Soll Geld jemals ein öffentliches Gut werden, dann muss ein demokratisches Gemeinwesen lernen, sich die Vorteile eines Geldsystems auch zunutze zu machen.

Kooperations- und Gleichgewichtspakt statt EU-Wirtschaftsregierung

Die wachsende Überzeugung, dass die Wirtschaftspoliti-ken der Mitgliedstaaten koordiniert werden müssen, damit der Euro eine Überlebenschance hat, hat in den letzten Monaten zur Diskussion über eine »EU-Wirtschaftsregie-rung« geführt. Das schon beschriebene Dilemma: Ohne die Koordination wichtiger Bereiche der Wirtschaftspolitik wird es der Euro nicht mehr lange machen – selbst wenn der Rettungsschirm halten und Eurobonds zum Erfolg führen sollten. Auf der anderen Seite stellt eine weitere Zentralisierung von Kompetenzen und Macht eine große Gefahr dar, weil durch nichts garantiert wäre, dass eine Wirtschaftsregierung die »richtigen« Entscheidungen tref-fen würde. Die Chancen stehen gar nicht so schlecht, dass wir vom Regen in die Traufe kämen. Denn die politischen Eliten sind a) die WegbereiterInnen der Krise, b) Handlan-gerInnen der Finanzoligarchie und c) ideologisch immer noch tief im neoliberalen Marktglauben verhaftet, selbst wenn sie total widersprüchliche Maßnahmen setzen. Sie würden deshalb vermutlich keine »Politik für die Menschen« machen und nicht »Wohlstand für alle« generieren, sondern eher die neoliberale Kaputtsparpolitik zur EU-Marke machen, die Ungleichheit weiter vergrößern und die Macht der Finanz- und Vermögensoligarchie noch weiter ausbauen. Folgende Eckpunkte einer »Europäischen Wirtschaftsregierung« sind zu befürchten:

- den Defizitländern Strafen aufbrummen: sparen und privatisieren, bis zur Rückkehr des Hungers und zum Verkauf der letzten Insel; Kreta Tourismus GmbH oder Balearen AG wären dann die EigentümerInnen der schönen Eilande;
- falls Lohnkoordination: Anpassung der Schwachen, indem Griechenland, Spanien oder Irland »intern abwerten müssen« anstatt die Starken intern aufwerten, sprich: Löhne runter in der Peripherie statt Löhne rauf im Zentrum;
- dadurch wird das Modell »Außenaggression plus Binnenrezession« von Deutschland auf die gesamte EU übertragen; kollektive Exportweltmeisterschaft und Anstreben eines Leistungsbilanzüberschusses mit dem Rest der Welt – was übrigens ganz auf der Linie der Lissabon-Strategie aus dem Jahr 2000 liegt, in dem die EU zum »wettbewerbsfähigsten Wirtschaftsraum der Welt« werden wollte. Das bedeutet auf gut Deutsch: Handelsüberschüsse gegenüber allen Regionen und Verschuldung aller anderen gegenüber der EU. Eine gute Kriegsvorbereitung. Auch in der neueren Strategie 2020 kommt der Begriff Wettbewerb auf schlanken 35 Seiten 42-mal vor;[12]
- Einschränkung der Mitbestimmung: »Sünderländer« dürfen nicht mehr mitreden in der Wirtschaftsregierung: Die Überschussländer geben den Ton an, und

wenn Frankreich schlechte Daten hat, folgt auch hier der Maulkorb – als Dankeschön, Deutschland die Exportweltmeisterschaft belassen zu haben. Die Ökonomen Fuest, Hellwig, Sinn und Franz fordern in den »10 Regeln zur Rettung des Euro« den Entzug der Stimmrechte.[13] Wirtschaftsminister Rainer Brüderle erklärt es mit Fußball: »Wer die Regeln nicht einhält, muss vom Platz gehen.«[14]

Der neoliberale Ungeist holt noch ein letztes Mal aus und versucht mit dem autoritären Hebel der Krise seine unappetitlichsten Vorhaben durchzupressen. Die – kriegsvergessene – Lust in Deutschland, die Souveränität anderer Länder einzuschränken, wächst beängstigend an. Finanzminister Schäuble spricht von der »notwendigen Beschränkung der Souveränität« der Sünderländer. Commerzbank-Chef Martin Blessing macht sich für eine starke Hand in Europa stark.[15]

Einen Vorgeschmack auf die autoritäre Durchsetzung neoliberaler Zwangsmaßnahmen unter weiterem Souveränitätsabbau haben wir bereits in Gestalt des »Europäischen Wirtschaftssemesters« bekommen. Mit diesem Instrument versucht die EU-Kommission, die nationale Budgeterstellung unter Kontrolle zu bringen, als Quasi-Ersatz für den toten Stabilitätspakt. Abgesehen von den beiden Fragen – wie sinnvoll es ist, dass dieselben, die bei sich Milde walten ließen, bei anderen nun Strenge anwenden wollen; und ob die EU-Gremien bei der Haushaltssanierung eine höhere Kompetenz aufweisen als die Mitgliedstaaten – wäre eine zentrale Haushaltskontrolle auf EU-Ebene ein tiefer und unter derzeitigen Bedingungen zutiefst undemokratischer Einschnitt in die Rest-Souveränität der Mitgliedstaaten. Um akzeptabel zu sein, müsste sie a) direkt demokratisch legitimiert; b) mit dem Subsidiaritätsprinzip vereinbar; und c) die Kompetenz der Kontrollorgane genau definiert sein.

Was beim Ruf nach einer Zentralregierung außerdem völlig übersehen wird: Um weitere Kompetenzen auf die EU-Ebene zu verlagern, müsste der Vertrag geändert werden. Das sollte er zwar sowieso, weil sonst die in Kapitel I beschriebenen seriellen Vertragsbrüche ungeahndet blieben, aber es müssen nicht nur 27 Regierungen handelseins werden, sondern es muss auch die Zustimmung von 27 Souveränen dafür eingeholt werden oder ihnen der geänderte Vertrag ähnlich undemokratisch aufgezwungen werden wie schon der Lissabon-Vertrag. Das wird noch schwieriger als beim letzten Mal, falls es überhaupt gelingen sollte.

Allein von daher wäre es klüger, sich auf eine Koordination der Wirtschaftspolitiken zu einigen:

a. auf die »Lohnregel« zur Stabilisierung der Preis- und Wettbewerbsverhältnisse;

b. auf die Vier-Steuern-Regel;

c. auf automatische Sanktionen bei Überschreitung (als Lehre aus dem gescheiterten Stabilitätspakt): Transferzahlungen von Lohnregelsündern an Lohnregelbefolger einerseits und anziehende Vermögenssteuern bei Schuldeneskalation andererseits (Schuldenbremse).

Dann bräuchte es keine zentralen Ad-hoc-Entscheidungen, die in die Souveränität eines Landes eingreifen. Es wäre keine Wirtschaftsregierung – sondern eben eine Koordination der Politiken ähnlich der Maastricht-Kriterien: ein *Kooperations- und Gleichgewichtspakt.*

Dieser hätte einen entscheidenden Vorteil gegenüber einer Wirtschaftsregierung: Besser, als die EU-Staaten erst durch Standortwettbewerb auseinanderdriften zu lassen, um sie dann durch brutale Austeritätspolitik zur Konvergenz zu nötigen (was ohnehin nicht funktioniert), wäre es, dem Auseinanderdriften durch eine koordinierte Lohnpolitik vorzubeugen und der innereuropäischen Steuerflucht durch kooperative Kapitalbesteuerung ein Ende zu setzen.

2. Die Alternativen zum Euro

Nationale Währungen

Den Ländern mit eigener Währung – Schweden, Dänemark, Schweiz – geht es prima, selbst den kleinen, warum also soll eine Rückkehr zu D-Mark, Schilling & Co. eine Tragödie sein? Großbritannien strauchelt, aber nicht wegen des Pfunds, sondern wegen der Londoner City. Tatsächlich gibt es keine gravierenden Einwände gegen etwas mehr Vielfalt und Flexibilität, dennoch könnten ins Treffen geführt werden:

- *Stabilität:* Einzelne Länder könnten leichter Opfer spekulativer Attacken werden. Zweifellos. Doch auch das liegt nicht daran, dass die Währungen klein sind, sondern dass die Finanzmärkte nicht reguliert sind. Sind sie nicht reguliert, können sie kleine wie große Länder angreifen, selbst den Euro, wie schon 1992 passiert und wie es – im Falle von Eurobonds – noch schlimmer denkbar ist. Der Punkt ist also, ob die Finanzmärkte gebändigt werden und der Kapitalverkehr notfalls gegenüber Staaten, die ihre Finanzmärkte nicht unter Kontrolle bringen, reguliert wird; nicht ob ein Land, das eine Währung hat, klein oder groß ist. Island scheiterte nicht an seiner Zwergenhaftigkeit, sondern an seinem Banken-Größenwahn.

- *Bequemlichkeit:* Um Himmels willen, wir müssen wieder umtauschen! Unzumutbar? Systemrelevante Banken züchten und retten ist okay, billionenschwere Rettungsschirme aufspannen, voll okay. Nur bitte ja nicht Währungen umtauschen müssen! Da käme ja der Verdacht auf, dass es noch kulturelle Vielfalt gibt in Europa. Hand aufs Herz: Fährt irgendjemand nicht in die Schweiz, weil dort immer noch der Franken währt?

- *Transaktionskosten:* Ja, der Export wird ein wenig teurer, wenn in einen anderen Währungsraum exportiert wird, das stimmt. Und andererseits stimmt es auch wieder nicht: Denn für die griechischen, spanischen oder portugiesischen ExporteurInnen sind die Exporte aufgrund der höheren Lohnsteigerungen/Inflation *mit* dem Euro teurer geworden, als es die Umtauschgebühren je waren. Umgekehrt ist das Exportieren für Deutschland billiger geworden, zu billig: Die Transaktionskosten sind nicht das entscheidende Kriterium.

- *Nationalismus:* Das »Wir-Gefühl« in der EU könnte schwinden, wenn es keine gemeinsame Währung gibt. Ja, aber erstens bedeutet das noch nicht Krieg, wie es manche in den Raum stellen. Und zweitens führt der Euro in den Bürgerkrieg, wenn die Mitgliedstaaten weiterhin Handelskrieg führen, und gefährdet damit die EU und nicht nur den Euro. Das »Wir-Gefühl« könnte dagegen stärker werden, wenn die Eliten EU-weite Steuern einheben, die Haushalte solidarisch sanieren, ein EU-weites freies Internet einrichten, ein komfortables Bahnnetz, EU-weite soziale Sicherheit aufbauen und die Finanzmärkte bändigen, anstatt sie zu hofieren. Es wäre eine EU für die BürgerInnen.

Die Frage, ob die EU in den Nationalismus zurückfällt, ist also nicht primär eine der gemeinsamen Währung, sondern der politischen Solidarität der Staaten. Der Euro erlaubt ein aggressives Gegeneinander auf der Ebene der Lohn-, der Steuer- und Sozialpolitik, das viel schlimmer ist und eher zurück in den Nationalismus führt als nationale Währungen.

Was wirklich zu bedenken ist: Für Deutschland würde die Rückkehr zur D-Mark vermutlich lange Jahre der Rezession und damit eine veritable Depression bedeuten. Denn wenn die Wechselkurse wieder flexibel werden, werden von Frankreich bis Griechenland eine Reihe von innereuropäischen Handelspartnern ihre Währungen abwerten, was die deutschen Exporte schlagartig verteuern würde. Da die Konjunktur in Deutschland aber wie in kaum einem anderen Land am Export hängt, würde die Rückkehr zur D-Mark und der damit verbundene Aufwertungsschock Deutschland in eine tiefe Rezession reißen. »Die Exporte würden innerhalb weniger Monate deutlich abstürzen«, prognostiziert zum Beispiel der Ökonom Gustav Horn. Ähnliches erwartet sein Kollege Michael Burda in Berlin: »Die wieder eingeführte D-Mark könnte innerhalb weniger Monate um fünfzig Prozent aufwerten. Das würde den deutschen Mittelstand mit einem Schlag auslöschen.«[16]

Mehrere Währungsblöcke

Eine ganze Reihe von AutorInnen liebäugelt mit einer Zweiteilung der Eurozone in einen »Hartwährungsblock« rund um Deutschland und Österreich und einen »Weichwährungsblock« entlang des »Olivenhains« von Griechenland bis Portugal. Den Aufschlag machte Philip Plickert in der *Frankfurter Allgemeinen Zeitung* in einem »Blick zurück aus dem Jahr 2013«: »Ende des Jahrzehnts entschlossen sich Deutschland, Österreich, die Beneluxstaaten und Finnland, eine eigene Währungsunion zu bilden. Diesem Hartwährungsblock traten auch die Tschechen und die Polen bei. Zur Begründung ihrer währungspolitischen Avantgarde berief sich Berlin auf das Konzept ›Europa der zwei Geschwindigkeiten‹: Ein zentralistisches Einheitsgeld für allzu unterschiedliche Volkswirtschaften habe zu große Spannungen verursacht. Mit den zwei Geschwindigkeiten fuhr Europa besser. Die neue Konstellation erlaubte mehr Flexibilität. Die Hartwährungsunion wertete auf, Weichwährungsländer werteten ab. Das erleichterte die Anpassung an unterschiedliche Wettbewerbsniveaus, die Ungleichgewichte der Leistungsbilanzen verringerten sich.

Keinesfalls bedeutete das Ende des Euro das Ende Europas.«[17]

Auch Heiner Flassbeck schreibt: »Ein pragmatischer und gangbarer Weg wäre es, dass die Südeuropäer einschließlich Frankreichs eine eigene Währungsunion mit einem ›Süd-Euro‹ gründen. Würde dieser gegenüber dem ›Nord-Euro‹ kräftig abgewertet, also etwa um dreißig oder vierzig Prozent, wäre die Wettbewerbsfähigkeitslücke mit einem Schlag mehr als ausgeglichen.«[18]

Doch die Spaltung in eine »gute« und eine »schlechte« Währungszone würde vermutlich nicht weniger Konflikte bringen. Innerhalb der Währungsblöcke müssten die Konstruktionsfehler des Euro vermieden werden (was nicht ausgeschlossen ist, aber wenn plötzlich so viel Kooperationswille da wäre, könnten auch gleich größere Lösungen umgesetzt werden); und zwischen den Blöcken würde es vermutlich dauerkriseln, weil die »Starken« machohaft auf ihr Exportrecht pochen würden, während die weichen »beleidigt« mit Abwertung reagieren würden. Es wäre ein bisschen eine Yin-Yang-Konstellation. Die EU wäre auf Dauer mit Nabelschau beschäftigt, anstatt zu einem initiativen und mitgestaltenden Player auf dem globalen Politikparkett zu werden. Globale Lösungen müssen warten.

Europäisches Wechselkurssystem

Eine Möglichkeit, alle in einem Boot zu halten, wäre eine Neuauflage eines Europäischen Wechselkurssystems: einem regionalen Währungsverbund wie in den 1990er Jahren das EWS mit dem ECU. Allerdings zerriss das EWS ja schon aus dem gleichen Grund, aus dem jetzt der Euro krankt: der Nichtkoordination der Wirtschaftspolitiken. Deshalb müsste hier Wiederholungsfehlern vorgebeugt werden, die »Lohnformel« müsste zur Anwendung kommen, die Fiskalpolitik abgestimmt werden. Schließlich müssten noch spekulative Attacken seitens der Finanzmärkte durch gemeinsame Regulierung, Aufsicht und Beschränkung des Kapitalverkehrs nach außen verhindert werden. Andernfalls wäre es eine Einladung an »Philantropen« wie George Soros, die Wechselkurse mit etwas Spekulation zu »testen«, das muss sich Europa kein zweites Mal geben.

Somit bedürfte ein Europäisches Währungssystem der gleichen Rahmenbedingungen wie der Euro, sollte es die gleiche Stabilität bringen wie dieser. Der Vorteil gegenüber diesem wäre die verbleibende Flexibilität: Wenn es schiefginge, wie jetzt beim Euro, können die Teilnehmerstaaten abwerten. Das Gefängnis hätte offene Türen.

Aufgrund dieser doppelten Stärke – Stabilität und Flexibilität – bezeichnet es Ulrich Schröder, ein Autor, der sehr genau recherchiert hat und viele Optionen durchspielt, als die »vermutlich sogar eleganteste Lösung«.[19]

Globale Währungskooperation

Noch eleganter fände ich eine globale Lösung. In Anbetracht der Tatsache, dass auch der US-Dollar in historischen Schwierigkeiten steckt und die BRIC-Länder (Brasilien, Russland, Indien und China) auf eine Neulösung der Weltwährungsordnung drängen, wäre vielleicht der beste Weg von allen, eine globale Währungskooperation zu starten, wie ich sie seit 2006 in meinen Büchern fordere. Die Idee dafür stammt von John Maynard Keynes aus der Kriegszeit. 1944 schlug er vor, eine gemeinsame Verrechnungseinheit für den internationalen Wirtschaftsaustausch (Handel, Tourismus, Investitionen) zu schaffen, die sich aus einem Korb der Währungen der Mitgliedstaaten zusammensetzt. Die nationalen Währungen würden alle erhalten bleiben, jedoch würde ihr Wechselkurs zum »Globo« (bei Keynes: Bancor) gemeinsam festgesetzt und verteidigt werden. Es wäre ein Wechselkurssystem auf globaler Ebene, wobei die internationalen Handelsströme in der Weltwährung abgerechnet würden.

Mit dem Doppelvorteil von Stabilität und Flexibilität: Falls ein Land eine hohe Inflation und ein Handelsdefizit aufweist – wie Griechenland oder die USA –, könnte es abwerten; Überschussländer wie Deutschland oder China müssten hingegen aufwerten. Ziel wären ausgeglichene Handelsbilanzen. Um Ungleichgewichte unattraktiv zu machen, würde es sogar Sanktionen geben (ähnlich dem Euro-Stabilitätspakt): Wer zu lange vom Gleichgewicht abweicht, ohne auf- oder abzuwerten, müsste Strafe zahlen – je länger und größer die Abweichung, desto mehr.

Keynes war nicht nur von makroökonomischen Überlegungen getrieben, er hatte unter dem Eindruck des Zweiten Weltkrieges und vergangener Währungskonflikte vor allem eines im Sinn: den globalen Frieden, was er 1943 nicht ohne Pathos festhielt. »In der Nachkriegswelt muss eine größere Bereitschaft zu übernationalen Abkommen verlangt werden. Wenn die vorgeschlagenen Vereinbarungen als Maßnahmen zur finanziellen Abrüstung bezeichnet werden können, so sind sie doch milde im Vergleich zu den Maßnahmen militärischer Abrüstung, die von der Welt vermutlich akzeptiert werden müssen [...] Der Plan macht einen Anfang auf dem Weg in eine Neuordnung der zukünftigen wirtschaftlichen Beziehungen in der Welt unter den Nationen und zu einem ›Gewinn des Friedens‹.«[20] Im Unterschied zum missglückten Euro wäre der von Keynes angedachte Plan tatsächlich ein – globales! – Friedensprojekt.

In den Fußstapfen von Keynes plädiert auch UNCTAD-Chefökonom Heiner Flassbeck für ein »System realer effektiver Wechselkurse« (real effective exchange rates).[21] Laut Flassbeck würden sich die Handelsbilanzen bei regelmäßiger Anpassung der Wechselkurse an die realen

Kaufkraftparitäten von selbst ausgleichen, weil produktivere Länder automatisch teurer und weniger produktive Länder automatisch billiger würden (der Übersetzungsmechanismus von höherer/niedrigerer Produktivität zu niedrigeren/höheren Preisen sind die Löhne). Das müsste erprobt werden. Klappt es nicht, könnte ja der zweite Gang, die von Keynes vorgeschlagene Sanktion für Abweichler von ausgeglichenen Handelsbilanzen, zugeschaltet werden.

Regionale Komplementärwährungen[22]

So wie der »Globo« eine Komplementärwährung auf internationaler Ebene wäre, der die nationalen Währungen nicht ersetzt, sondern ergänzt, könnte dasselbe auch auf regionaler Ebene gemacht werden: Regiogeld. Seit ungefähr zwanzig Jahren sprießen weltweit regionale Währungen aus dem Boden, obwohl der Gesetzgeber sie nicht fördert, sondern scheel beäugt: Sein Währungsmonopol ist in Gefahr! Chiemgauer, Sterntaler, Waldviertler, Talente ... sie alle verfolgen sinnvolle Ziele. Die drei wichtigsten sind:

1. *Förderung lokaler Wirtschaftskreisläufe.* In den letzten Jahrzehnten wurde die globale Arbeitsteilung ins Extrem getrieben. Nicht der Weltmarkt ist das Salz in der Suppe der lokalen Produktion, sondern in vielen Fällen ist es umgekehrt. Die Erosion der Regionen und der Schwund von Dezentralität und Vielfalt sind die Folgen. Regionalwährungen binden die Kaufkraft an die Region.

2. *Resilienz.* Durch das multiple Systemversagen müssen wir mit Energie- und Umweltkrisen sowie einem weltweiten Bankenkrach und einer Währungsreform rechnen. Übergangszeiten können von sozialen Unruhen und Versorgungsengpässen begleitet sein. In solchen Situationen ist es von hohem Wert, wenigstens auf eine

regionale Währung zurückgreifen zu können, die es erlaubt, lokale Wirtschaftskreisläufe aufrechtzuerhalten.

3. *Demokratische Kontrolle über Geld.* Wer sich sein eigenes lokales Geldsystem einrichtet, denkt in der Regel gründlich über Geld nach – viele Geldsysteme nehmen Abschied vom Zins oder sind sogar umlaufgesichert durch Schwundgebühren. Ziel ist, dass Geld ein öffentliches Gut wird, über dessen Spielregeln die BürgerInnen selbst bestimmen. Wenn viele Regiogeld-Initiativen gedeihen, wächst auch flächendeckend das Bewusstsein für die Notwendigkeit einer demokratischen Geldordnung.

In Österreich wird gerade der Prototyp einer Demokratischen Bank aufgebaut, die voraussichtlich 2013 ihren Betrieb aufnehmen wird.[23] Demokratische Banken könnten zu den Ausgabestellen von Regiogeld werden. Damit wäre eine flächendeckende Versorgung mit Regiogeld gegeben und außerdem ein Mindestprofessionalisierungsgrad. Derzeit scheitern nicht wenige Initiativen an der Ehrenamtlichkeit. Das spricht aber nicht gegen Regiogeld-Initiativen. Denn das »offizielle« Währungssystem, Zentral- und Geschäftsbanken, beruht ja auch nicht auf freiwilliger Arbeit.

Perspektivisch ist ein dreistufiges Geldsystem anzudenken: Globo – nationale Währung – Regiogeld.[24] So lassen sich die Ziele Stabilität, Flexibilität und Resilienz gut vereinen.

Zum Weiterlesen:
www.talentiert.at
www.chiemgauer.info
www.regiostar.com/3.0.html

Anmerkungen

1 Welt am Sonntag, 14. August 2011.
2 Vgl. FLASSBECK (2010), 74 ff.
3 EU-Kommission, OeNB auf WKO.at: http://portal.wko.at/wk/
   startseite_dst.wk?DstID=17
4 FLASSBECK (2010), 87.
5 BZ online, 16. Juli 2011.
6 EurActiv.de, 26. Juni 2011.
7 FAZ, 18. Dezember 2007.
8 FLASSBECK (2010), 82 und 186.
9 FAZ, 10. September 2011.
10 WEHR (2010), 66.
11 HUBER (2010), 133.
12 EUROPÄISCHE KOMMISSION (2010).
13 FUEST / HELLWIG / SINN / FRANZ (2010).
14 Die Welt, 9. September 2011.
15 Welt am Sonntag, 21. August 2011.
16 Welt am Sonntag, 14. August 2011.
17 »Ein Blick zurück aus dem Jahr 2013: Die Alternative«, in: FAZ,
   15. Mai 2010.
18 FLASSBECK (2010), 216.
19 HORSTMANN (2011), 210.
20 KEYNES (1943), 16.
21 UNCTAD (2011), 171 ff.
22 Zum Einlesen: KENNEDY (2006) und PLETTENBACHER
   (2009).
23 www.demokratische-bank.at
24 Vgl. LIETAER (2002).

V. Ein neues Finanzsystem:
Geld als öffentliches Gut

In der Analyse versuchte ich zu zeigen, dass die Liberalisierung der Märkte ein fataler politischer Fehler war – aus mehreren Gründen:

- systemrelevante Banken, die »Zuchterfolge« der Liberalisierung, nehmen Staaten in Geiselhaft und verhindern geordnete Staatsinsolvenzen; sie zwingen zum Aufspannen von Rettungsschirmen und provozieren dadurch Staatsinsolvenzen;

- systemrelevante Banken sind nicht nur zu groß, sondern auch zu mächtig: Sie sind politisch systemrelevant: Die Bankenrettungsgesetze wurden von *politisch* systemrelevanten *Bankern* wie Josef Ackermann oder Christian Konrad mitverfasst oder eingeflüstert – das ist das Ende der Demokratie;

- das Gewinnstreben der Finanzinstitute hat die Finanzmärkte in ein globales Casino verwandelt, das im Unterschied zu einem Spielcasino aufs Engste mit der realen Wirtschaft verwoben ist, wodurch die Dominoeffekte, die auf den Finanzmärkten ausgelöst werden, auch die Realwirtschaft treffen und mitreißen; die Krise hat allein in der OECD dreizehn Millionen Arbeitsplätze zerstört, vor allem geringqualifizierte und junge Menschen sind betroffen[1] – wohl kaum die Stammgäste des globalen Finanz-Casinos;

- der vollkommen freie Kapitalverkehr verhindert, dass sich Volkswirtschaften oder Nationalstaaten vor der Ansteckung mit Finanzkrisen schützen können; aufgrund der Verträge hätte die EU den Import von finanziellem Giftmüll in dreistelliger Milliardenhöhe aus der US-Immobilienblase gar nicht verbieten *dürfen*;

- gleichzeitig wird durch freien Kapitalverkehr der Fluchtweg in Steueroasen für Großkonzerne und Steinreiche freigemacht – Steuergerechtigkeit ist Geschichte und die Krisenkosten müssen von der Allgemeinheit bezahlt werden anstatt von den Hauptverursachern;
- die Verteilung wird immer ungerechter; die Einkommen in der Finanzbranche sind weltweit die höchsten; 2010 verdiente der Hedge-Fonds-Manager John Paulson fünf Milliarden US-Dollar.[2] Wenn er sich mit einer Milliarde begnügen würde, könnte zum Beispiel der Jahreshaushalt der Vereinten Nationen verdreifacht werden;
- der systemische Egoismus, der durch die vorrangige Gewinnorientierung genährt wird, führt die Banken immer weiter weg von ihrem ursprünglichen Dienst an der Wirtschaft und Gesellschaft hin zu Gier, Spekulation und Verursachung systemischer Instabilität.

Die Lehre aus der Krise muss nicht nur sein, dass »alle Finanzmärkte, Produkte und Akteure reguliert oder überwacht werden«, wie es die Deklaration des G20-Gipfels in Washington 2008 genauso vollmundig ankündigte[3] wie halbherzig oder gar nicht umsetzte, sondern Finanz*märkte* grundsätzlich in Frage zu stellen. Für manche lebenswichtige Güter und Dienstleistungen braucht es gar keine Märkte: Trinkwasser, Bildung, Gesundheit oder eben auch Geld. Geld sollte als öffentliches Gut neu gedacht werden. Welche wären die wichtigsten Reformschritte?

1. Zerkleinerung systemrelevanter Banken

Alle systemrelevanten Banken müssen sofort auf ungefährliche Größe zerkleinert werden. Nie wieder darf Steuergeld zur Rettung oder Garantie einer privaten gewinnorientierten Bank eingesetzt werden. Das ist, wie wir gesehen haben, das Ende von Marktwirtschaft und Demokratie.

Systemrelevante Banken wurden gezielt herangezüchtet – in den USA gleich wie in der EU. Wuchs die durchschnittliche Bank in den USA zwischen 1930 und 1980 im Verhältnis zum BIP gar nicht, so verdreifachte sie sich zwischen 1980 und 2008. Dreißig Banken auf der Welt kommen heute auf eine Bilanzsumme von über fünfzig Prozent des BIP der Sitzstaaten. Und jene 145 Banken, die eine Bilanzsumme von mehr als 100 Milliarden US-Dollar aufweisen, erhielten 90 Prozent aller Rettungsgelder.[4] Es wäre ein Leichtes gewesen, Banken nicht größer als zehn oder zwanzig Milliarden US-Dollar werden zu lassen – als Voraussetzung für die Zulassung zum Weltmarkt.

Bei der Zerteilung überdimensionierter Banken ergibt sich ein Kernproblem: Wie wird der Finanzmüll verteilt, der noch in den Bilanzen lagert? Ist eine systemrelevante Bank »technisch bankrott« – was entweder bedeuten kann, dass sie nur aufgrund gültiger staatlicher Haftungen, Garantien und Kapitalspritzen noch am Leben ist (in Deutschland stützte das Bankenrettungspaket im Oktober 2011 die systemrelevanten Banken mit 48 Milliarden Euro[5]; in Österreich mit 25 Milliarden Euro[6]) oder Verluste zwar schon erlitten, aber noch nicht in den Bilanzen abgeschrieben hat –, dann würde die Zerteilung in zehn kleinere Banken zehn insolvente Banken produzieren: Das ist keine Lösung.

Eine Lösung wäre, dass die EigentümerInnen zum Nachlegen von Kapital verpflichtet werden, bis aller Giftmüll in den Bilanzen abgebaut ist. Diese Maßnahme würde Freiheit und Verantwortung auf den Finanzmärkten ein wenig annähern. Ein anderer Weg wäre, dass die Giftmülldeponien ausgelagert und über die oben ausgeführten EU-weiten Steuern »entsorgt« werden. Bei dieser zweiten Lösung müssten die gesunden Teile der Banken in öffentliches Eigentum übergehen und als öffentliche Sparkassen oder demokratische Banken neu organisiert werden. Fortan müsste das EU-weite und nationale System der Bankenaufsichten verhindern, dass jemals wieder systemrelevante Banken entstehen – durch besagte Größengrenzen. Die Verhandlungen im Basler Komitee gingen im Sommer 2011 in die Richtung, dass »SIFIs« (systemically important financial institutions) eine geringfügig höhere Kernkapitalquote (um die 9,5 Prozent) halten werden müssen.[7] Das ist so, als ob man Alkolenkern den Flachmann abnimmt anstatt den Autoschlüssel oder den Führerschein.

2. EU-Bankenaufsicht mit Biss

Einer der anschaulichsten Beweise dafür, dass es den neoliberalen Missionaren nicht um einen funktionierenden Markt mit fairen Regeln ging, sondern um Kapitalismus pur, ist der Umstand, dass zwar ein Finanzbinnenmarkt errichtet wurde, aber keine EU-weite Bankenaufsicht. Erst die Krise 2008 hatte den Aufbau von drei Aufsichtsbehörden zur Folge – eine für Banken (European Banking Authority, EBA), eine für Börsen (European Securities and Market Authority, ESMA) und eine für Versicherungen (European Insurance and Occupational Pensions Authority, EIOPA). Zusätzlich wurde ein Europäischer Ausschuss für Systemrisiken (ESRB) geschaffen, der Risiken analysieren und vor Finanzkrisen warnen darf.

Doch wer meint, nun sei alles im Griff, muss leider enttäuscht werden. Die Befugnisse der drei Behörden sind begrenzt, weder dürfen sie gefährliche Produkte aus dem Verkehr ziehen noch systemrelevante Banken teilen. Das letzte Wort haben selbst in Notfällen die nationalen Behörden. Außerdem dürfen die EU-Behörden keine Entscheidungen treffen, welche sich auf die Haushalte der Mitgliedstaaten auswirken. »Die Bankaufsichten sind blind und taub geblieben«, urteilt der Bundestagsabgeordnete

Peter Gauweiler.[8] Systemstabilität bitte warten! »Technisch« müssten diese Aufsichten weitere Befugnisse haben:

- Banken vor Erreichen der Systemrelevanzschwelle zerteilen;
- Eigenkapitalregeln vorgeben – auch strengere als die international gültigen (Basel);
- Produkte einer Zulassungsprüfung unter- oder aus dem Verkehr ziehen;
- Produkte, die in der EU nicht zugelassen sind, vom freien Kapitalverkehr ausnehmen;
- Finanzinstitute vom freien Kapitalverkehr ausnehmen;
- den internationalen Kapitalverkehr gemeinsam mit den Zentralbanken überwachen und regulieren oder selbst durchführen.

Eigentlich bräuchte es in einem globalisierten Finanzmarkt auch eine globale Finanzmarktaufsicht. Dass es diese nicht gibt, wirft ein ebenso bezeichnendes Licht auf die »Globalisierung« wie das Vergessen auf eine EU-Aufsicht über den Finanzbinnenmarkt. 2009 mehrten sich die Rufe nach einer solchen Behörde. In einem ExpertInnenbericht an die Vereinten Nationen forderte ein Team rund um Joseph Stiglitz eine »Global Financial Authority« (Weltfinanzaufsicht) zur »Koordination der Finanzregulierung im Allgemeinen und zur Festsetzung globaler Regeln in bestimmten Bereichen wie Geldwäsche und Bankgeheimnis im Speziellen«.[9] Im gleichen Jahr bekräftigte der Wirtschaftsressortleiter der *Süddeutschen Zeitung*, Ulrich Schäfer, in »Der Crash des Kapitalismus« die Forderung nach einer Weltfinanzaufsicht[10], ich selbst tat dies im gleichen Jahr in »Kooperation statt Konkurrenz«.[11]

3. Förderung gemeinwohlorientierter Banken

Geld als Kredit zählt zur Infrastruktur der Wirtschaft und sollte als öffentliches Gut definiert und ähnlich unter demokratische Kontrolle gebracht werden wie Trinkwasser, Energie, Bildung oder Gesundheit. Banken sollten so wie Schulen oder Spitäler auf das Gemeinwohl verpflichtet werden. In Österreich wird gerade eine »Demokratische Bank« von engagierten BürgerInnen in diesem Sinne aufgebaut.[12] Gemeinwohlorientierte Banken könnten folgende Kernaufgaben erfüllen:

1. kostenloses Girokonto;
2. sichere Sparkonten mit staatlicher Einlagengarantie;
3. kostengünstige und unbürokratische Kreditvergabe an »real« investierende Unternehmen, Haushalte, Vereine und Kommunen;
4. Berücksichtigung sozialer und ökologischer Kriterien bei der Kreditvergabe (»ökosoziales Basel IV«);
5. Kreditzinsen oder -gebühren könnten so berechnet werden, dass sie die Kosten der Bank inklusive Kreditausfälle decken. Darüber hinaus verschaffen sie weder der Bank Gewinne noch den SparerInnen Einkommen;
6. Ausgabe von Regionalgeld, um lokale Wirtschaftskreisläufe und die Handlungsfähigkeit/Selbstorganisation von Regionen in Krisenzeiten zu fördern.

Gemeinwohlorientierte Banken könnten auch Bewusstseins- und Bildungsarbeit zum Thema Geld leisten und den Weg aus der Kapitaleinkommensgesellschaft weisen. Im Unterschied zu traditionellen »Staatsbanken« könnten die Gremien direkt von der Bevölkerung, bei Genossenschaftsbanken wie schon heute von den Mitgliedern gewählt werden. Die Banken wären dann operativ unabhängig von der Politik.

Der erste Schritt in ein gemeinwohlorientiertes Bankwesen könnte sein, dass diejenigen Banken, die sich nicht auf das Gemeinwohl verpflichten, dem »freien« Markt ausgesetzt würden. Das mag ein wenig paradox klingen, doch den freien Markt gibt es derzeit nicht, und gäbe es ihn, dann hätten die dortigen Akteure kein leichtes Leben. Denn es würden ihnen alle staatlichen Unterstützungsleistungen, die sie heute genießen, gestrichen:

- staatliche Garantie der Spareinlagen;
- Refinanzierung bei der EZB;
- Kreditaufnahme des Staates bei diesen Banken;
- staatliche Bankenrettung.

Banken, die um diese Unterstützungsleistungen des Staates umfallen, sind für durchschnittliche SparerInnen kaum attraktiv: Weder die Spareinlagen noch die Banken selbst sind abgesichert. Umgekehrt sollten gemeinwohlorientierte Banken, etwa öffentliche Sparkassen oder private Genossenschaftsbanken, diese Unterstützungsleistungen weiterhin in Anspruch nehmen können – als Gegenleistung dafür, dass sie eben auf »Gemeinwohl-Orientierung« umschwenken.

4. Schließung des Schattenbankensystems in Steueroasen

In den letzten Jahren sind zahlreiche Großbanken dazu übergegangen, einen (Groß-)Teil ihrer Geschäfte in sogenannte »special purpose vehicles« (SPV) in Steueroasen auszulagern. Kredite, die über diese SPV vergeben wurden, scheinen nicht in der Bilanz der Bank auf. In den USA ist das Volumen der Bankgeschäfte, die aus den Bankbilanzen in den Schattenbereich ausgelagert wurden, doppelt so groß geworden wie die regulären und bilanzierten Bankaktivitäten.[13] Die Deutsche Bank unterhält nach einer Recherche von Attac mehr als die Hälfte (51,35 Prozent) ihrer Tochter- und Zweckgesellschaften sowie assoziierten Unternehmen in Steueroasen. Allein auf den Caymans sind es mehr als in Frankfurt! Bei der Commerzbank sind es 23 Prozent, bei der Postbank 22 Prozent.[14] In diesen Dunkelbereich muss Licht kommen: Die Filialen, Ableger und SVP müssen geschlossen werden. Es ergibt wenig Sinn, den Finanzmärkten Regeln vorzugeben, wenn diese über den freien Kapitalverkehr in Steueroasen umgangen werden dürfen. Wenn nicht anders möglich, wäre der Kapitalverkehr einzuschränken. Ein wenig Deglobalisierung täte dem hypertrophen Finanzsektor nur gut.

5. Ökosoziales Basel IV

Banken bewerten die Bonität von KreditnehmerInnen fast ausschließlich nach monetären Kriterien. Damit verstärken sie die fundamentale Fehllenkung von Ressourcen in nicht nachhaltige Investitionen. Dabei könnten Banken einen wesentlichen Beitrag zu nachhaltiger Bildung leisten, indem sie alle Kreditansuchen auf ihre sozialen und ökologischen Auswirkungen prüfen. Das wäre für die Kreditinstitute natürlich ein Mehraufwand, und sie müssten noch mehr in die Unternehmen, die sie finanzieren, hineinblicken als heute. Dieser Aufwand würde sinken, wenn Unternehmen ihre ökologischen und sozialen Kennzahlen automatisch erheben und in einer auditierten Gemeinwohl-Bilanz veröffentlichen würden. Genau das passiert bereits: In der im Oktober 2010 gestarteten Bewegung der »Gemeinwohl-Ökonomie« erstellten 2011 die ersten hundert Pionier-Unternehmen aus Österreich, Italien, Deutschland und Ägypten ihre »Gemeinwohl-Bilanzen«.[15] Diese Bilanzen könnten in Zukunft bei der Kreditvergabe Berücksichtigung finden, zum Beispiel so: Bei der mittleren Gemeinwohl-Stufe (401 bis 600 Gemeinwohl-Punkte) hat die Gemeinwohl-Bilanz keine Auswirkung auf die Kreditvergabe. Bei der nächsthöheren (601 bis 800 Punkte) sinkt der Kreditzins um ein oder zwei Prozent, bei der höchsten (801 bis 1000 Punkte) um zwei bis vier Prozent. Hingegen steigt der Kreditzins mit schlechterer Gemeinwohl-Bilanz immer weiter an. Die Staffelung könnte so erfolgen, dass die Kosten für die Banken in Summe gleich bleiben und gleichzeitig ein Lenkungseffekt in Richtung nachhaltiges und gemeinwohlorientiertes Wirtschaften erzielt wird.

Die EU könnte ein solches Regelwerk im Vorausgang beschließen und sich gleichzeitig auf UN-Ebene dafür einsetzen, dass es weltweit gültig wird. Allerdings sinkt mit dem Rückbau globaler Finanzmärkte die Notwendigkeit, dass überall die gleichen Regeln gelten müssen. Die EU kann von Banken, die in der EU operieren, verlangen, dass sie die für den Binnenmarkt gültigen Regeln einhalten. Dann müssen gar nicht weltweit dieselben Regeln gelten.

6. Verbot von Fonds

Auf den Finanzmärkten tritt ein einzigartiges Phänomen zutage: Obwohl das Angebot an anlagesuchendem Geld immer größer wird, sinkt der Preis für das Geld nicht kontinuierlich, sondern die Anbietenden werden immer skrupel- und maßloser in ihren Renditeerwartungen. Die zur Branchenbenchmark gewordene 25-Prozent-Rendite-Ansage von Josef Ackermann ist Ausdruck dieses Marktversagens.

Nach dem »Marktgesetz« von Angebot und Nachfrage müsste als Folge davon, dass das Finanzvermögen im Verhältnis zur realen Wirtschaft immer weiter wächst, also das »Angebot« an Kapital im Verhältnis zur nachfragenden Realwirtschaft immer größer wird, der Preis des Geldes kontinuierlich sinken. Zunächst: Warum wächst das Angebot? Erstens, weil die Menschen einen Teil ihres jährlichen

Einkommens sparen und damit Vermögen bilden. Je vermögender sie sind, desto höher ist der Anteil ihres Einkommens, den sie bei gleichbleibendem Konsumverhalten sparen können; und in jedem Jahr, in dem die volkswirtschaftliche Sparquote höher liegt als das reale Wirtschaftswachstum, steigt das Finanzvermögen im Verhältnis zum BIP. Solange dies der Fall ist, steigt bei einer gleich hohen Rendite-Erwartung der Anteil der jährlichen Wirtschaftsleistung, der für die Kapitalverzinsung aufgewendet werden muss: Kapital wird systemisch teurer, obwohl es mehr wird!

Nun gilt das nicht überall auf den Finanzmärkten, beispielsweise bewegen sich die Sparzinsen auf Niedrigstständen nahe der Nulllinie. Doch in der globalisierten Geldindustrie (eine Folge der Liberalisierung) ist ein Wettbewerb um die höchsten Renditen für die »KundInnen« (also die AnlegerInnen) ausgebrochen; und der Anspruch, dass einem das Finanzvermögen von jemand anderem vermehrt werden muss, hat sich wie ein Grundrecht in den Köpfen festgesetzt – spätestens seit dem Einstieg in die private Rentenvorsorge. Nunmehr hoffen immer mehr Menschen auf steigende Kapitalrenditen, ohne zu erkennen, dass ihnen das schadet, weil ein immer größerer Teil der Arbeitsleistung eines Jahres von den Kapitalgebenden (InvestorInnen, SpekulantInnen, SparerInnen) eingefordert und als – arbeitsloses – Einkommen angeeignet wird.

Vier Megaprobleme tun sich hier auf:

- *Ungleiche Verteilung:* Die Finanzvermögen konzentrieren sich in immer stärkerem Maße in den Händen weniger – was logisch ist, wenn ein immer größerer Teil des Volkseinkommens nicht an Arbeitleistende geht, sondern an Besitzende, und der Besitz hochkonzentriert ist: In Deutschland und Österreich kontrollieren die oberen zehn Prozent rund zwei Drittel des gesamten Vermögens, ergo geht auch der Löwenanteil der stark wachsenden Kapitaleinkommen an diese »Oberschicht«. Sie wird immer reicher, ohne zu arbeiten. Umgekehrt besitzen in Deutschland siebzig Prozent der Bevölkerung nur ganze 8,8 Prozent des gesamten Privatvermögens[16] – für sie fallen vom Kapitaleinkommens- oder Rentenvorsorgekuchen lediglich Krümel ab.

- *Wachstumszwang:* Jedes Prozent Zins oder Rendite, das sich Kapitalbesitzende auf ihr schon vorhandenes Vermögen erhoffen, zwingt die Wirtschaft zu Wachstum, da aus Kapital mehr Kapital werden muss. Je größer das Finanzvermögen im Verhältnis zum BIP und je maßloser die Renditeansprüche der AnlegerInnen, desto größer der Wachstumszwang. Doch die Menschheit verbraucht schon heute um rund ein Drittel mehr Ressourcen und emittiert um ein Drittel mehr Abfallstoffe, als der Planet verkraften kann. Der Welterschöpfungstag, an dem die Menschheit das ihr zustehende Maß an Ressourcen auf ein Jahr umgerechnet verbraucht hat, fällt schon in den September.[17] Jedes weitere materielle Wachstum zehrt von der Substanz des Planeten und entzieht kommenden Generationen Lebenschancen.[18]

- *Spekulation und Finanzinflation:* Sind die realen Wachstumsmöglichkeiten begrenzt, drängt das Finanzvermögen a) auf Privatisierung (lateinisch »privare« bedeutet rauben), b) auf die Enteignung der Massen über erhöhten Lohndruck und Prekarisierung der Arbeitsverhältnisse und c) in die Finanzmärkte, wo »aus Geld mehr Geld« gemacht wird. Die Vermögensverwaltungsindustrie übernimmt diese Funktion und treibt dabei eine riskante Innovation und gefährliche Finanzinflation voran. Die Blasen (lateinisch »inflare« bedeutet aufblasen), die dort regelmäßig gebildet werden, werden mit überflüssigem Geldvermögen gefüllt. Je mehr Finanzvermögen auf die Finanzmärkte drängt (und je geringer im Verhältnis die realen Veranlagungsmöglichkeiten), desto mehr und größere Blasen werden gebildet. Alle Blasen platzen. Wenn zu viel Geld da ist *und nach Vermehrung sucht,* kommt es zu Blasen und Crashs. Wenn das Geld *nur da wäre* und nicht nach Vermehrung streben würde, gäbe es keine Blasenbildung und keine Finanzkrisen.

- *Systemfehler:* Je größer das Finanzvermögen im Verhältnis zur Realwirtschaft (BIP) wird, desto unmöglicher wird es, das gesamte Kapital auch nur mit wenigen Prozenten zu verzinsen. Ist das Finanzvermögen dereinst zehnmal so groß wie die reale Wirtschaft, würde ein Rendite-Anspruch von zehn Prozent bewirken, dass die gesamte Wirtschaftsleistung von den Kapitalbesitzenden aufgesogen würde – es könnte kein Lohn und kein Gehalt bezahlt werden und der Staat keine Steuern einnehmen. Ist das Finanzvermögen hundertmal so groß, würde bereits ein Verzinsungsanspruch von einem Prozent erfordern, dass die gesamte Wirtschaftsleistung den Kapitalbesitzenden zugeteilt wird: unmöglich.

Kurz: Eine wesentliche systemische Ursache für Ungleichheit und finanzielle Instabilität ist das wachsende Verhältnis zwischen Finanzvermögen und realer Wirtschaft. Geld dient immer weniger und herrscht immer mehr. Damit es umgekehrt wäre, müsste der Vermehrungsanspruch von Finanzkapital grundlegend negiert werden. Kapitaleinkommen sollte es gar nicht mehr geben. Das treibende Motiv für die Kapitalallokation könnte in der Zukunft anstelle von monetärer Rendite (also Eigennutzsteigerung) Sinnstiftung (also Gemeinwohl-Orientierung) sein. Wenn Kapital nirgendwo mehr Rendite abwirft, ist der verbleibende Anreiz für EigentümerInnen, ihr Geld nicht zur Bank zu tragen, der, sinnvolle Projekte und Unternehmen zu fördern. Das wäre eine gewaltige Umwertung.

Einkommen würde in einer postkapitalistischen Gesellschaft nur noch gegen Arbeitsleistung fließen (oder besondere Bedürftigkeit – das sind aber eben nicht die Erben und Kapitalbesitzenden). Es wäre der Beginn einer echten Leistungsgesellschaft. Die gegenwärtige Kapitaleinkommensgesellschaft ist mehr feudal als liberal, weil die größten Einkommen jenen zukommen, die nichts dafür leisten, und obendrein dafür auch noch die geringsten Steuern zahlen.

Fonds sollten deshalb generell verboten werden. Freie Bürgerinnen und Bürger sollten a) von ihrer Arbeitsleistung leben, b) den Anspruch loslassen, dass ihre Vermögen »von selbst« wachsen müssen, und c) ihr Geld bewusst jenen Unternehmen geben, die sie fördern wollen – das wäre die neue Eigentumsfreiheit. Wenn ich mein Geld einem Fonds gebe, der es irgendwo hinsteckt, ohne dass ich weiß, wer wo mein Geld wie vermehrt, gebe ich jede Verantwortung und kreative Mitgestaltung auf. Das ist kein liberaler Ansatz!

Wer nicht selbst gestalten und Investitionsentscheidungen treffen will, kann sein Geld immer noch »gemütlich« auf die Bank tragen. Dort gelten auch ethische Vergabekriterien, und der zentrale Vorteil einer Bank ist, dass das Anlagerisiko auf alle Beteiligten verteilt wird und die Spareinlagen bis zu einer gewissen Höhe garantiert sind – sofern die Bank am Gemeinwohl orientiert ist. Wenn zudem eine Obergrenze für Privatvermögen festgesetzt wird, könnte im Gegenzug die Einlagengarantie auf das gesamte Privatvermögen ausgeweitet werden.

Wenn Kapital nicht mehr vermehrt werden muss, muss es auch nicht zwanghaft – und dadurch immer riskanter – investiert werden. Geld kann in den kommenden Zeiten, in denen die Kreditnachfrage weit unter das Kapitalangebot sinken wird, einfach in einer Art Depot liegen. Gegenüber dem Kopfpolster hat das immer noch drei attraktive Vorteile:

1. es kann nicht gestohlen werden;
2. man kann per Mausklick Überweisungen tätigen;

3. das Geld geht in sinnvolle Investitionen und ermöglicht das Gedeihen der Gesellschaft.

Mehr soll Geld auch nicht tun. Der Abschied von den Kapitaleinkommen steht als kopernikanische Wende bevor – hinterher werden wir uns mit kopfschüttelndem Lächeln an die Zeiten erinnern, in denen wir am Weltspartag zum Hoffen auf hohe Sparzinsen erzogen wurden … ohne auch nur einen Blick auf die systemischen Folgen zu werfen.

7. Abschaffung der Börsen

Die Börsen sind gewissermaßen das Epizentrum des Kapitalismus, sie erhalten die größte Aufmerksamkeit der Öffentlichkeit, obwohl ihr Beitrag zum gesamtgesellschaftlichen Wohlergehen äußerst fragwürdig ist. Selbst ihr Beitrag zu einer florierenden Wirtschaft steht in Frage. Die wichtigsten Argumente pro Börse sind, dass Unternehmen, die Kapital benötigen, eine Alternative zu Banken haben und innovative Unternehmen zu Gründungskapital kommen.

Beide Argumente halten einer empirischen Überprüfung nicht stand. Zum einen sind Börsen gerade in den kapitalistischen Hochburgen wie den USA keine Nettofinanzierungsquelle für Unternehmen, sondern umgekehrt: In den 1990er Jahren floss mehr Kapital von den Aktiengesellschaften zu den Börsen – in Form von Dividendenausschüttungen und Aktienrückkäufen. Die Börse war gar keine Quelle, sondern ein Absauger von Kapital. In Frankreich war der Saldo nahe null.[19] Auch ergießt sich das Kapital der Aktionäre nicht füllhornhaft über innovative Start-up-Unternehmen, sondern diese müssen im umgekehrten Fall schon länger erfolgreich sein, bevor sie an der Börse ernst genommen und gelistet werden. Die Hauptrisikokapitalgeber sind selbst in den USA Onkel und Opa – nicht die Wall Street. Und um sich an die letzten Börsengänge in Wien zu erinnern, muss man sich länger am Kopf kratzen.

Zu den fragwürdigen Stärken gesellen sich unstrittige Schwächen:

1. Aufgrund der anonymen Trennung zwischen den Menschen, die eine Aktiengesellschaft besitzen, und denjenigen, die in ihr arbeiten, kommt es zu tendenzieller Verantwortungs- bis Skrupellosigkeit. Globale Aktiengesellschaften weisen alle Symptome der Weltgesundheitsorganisation für Psychopathologie auf.[20]

2. Durch die Gier der Aktionäre wird ein übermäßiger Teil der erarbeiteten Wertschöpfung abgeschöpft – von nichts leistenden EigentümerInnen. In Frankreich stieg das Volumen der ausgeschütteten Dividenden von 3,2 Prozent des BIP 1987 auf 8,2 Prozent 2007.[21] Die DAX-Unternehmen schütteten 1990 bis 2000 durchschnittlich 6,3 Milliarden Euro an Dividenden aus.[22] 2007 bis 2011 waren es im Schnitt 25 Milliarden Euro.[23]

3. Die Unverbindlichkeit der EigentümerInnen wird noch durch die Tatsache gesteigert, dass der/die durchschnittliche EigentümerIn einer Aktiengesellschaft in einem Jahr das Unternehmen nicht mehr besitzen wird: Die Haltedauer von Aktien hat sich auf weniger als ein Jahr reduziert.

4. Die Verantwortungslosigkeit wird durch die Möglichkeit von Leerverkäufen und High-Frequency-Handel auf die Spitze getrieben. Profi-Dealer reizen gerne eine Aktie durch Köderkäufe nach oben, warten, bis Unerfahrene auf den verheißungsvollen Trend aufspringen, und stoßen dann blitzschnell die Papiere ab. »Die Aktienmärkte finanzieren nicht mehr die Wirtschaft. Sie sind dazu da, den Profis zu gestatten, die Amateure zu arbitrieren«, formulierte es ein Banker.[24]

5. Börsenorientierte Aktiengesellschaften sind generell zu groß und zu mächtig. Das scheinbar ökonomische Argument, dass Aktiengesellschaften ob ihrer Größe keinen Bankkredit bekommen, ist gar keines: Unternehmen *sollen* gar nicht so groß werden. Sie sind dann zu mächtig und gefährden die Demokratie: der heutige Zustand.

Fazit. Nirgendwo sind (Eigentums-)Freiheit und Verantwortung getrennter als beim Handel mit Aktiengesellschaften. Von daher wäre es sinnvoll, den Handel mit Aktien zu verbieten, sprich: die Börsen abzuschaffen. Das heißt keineswegs, dass Unternehmen sich nicht direkt bei den BürgerInnen finanzieren können, im Gegenteil: Das könnte sogar gefördert werden, um die Beziehung der Menschen zu den Unternehmen zu festigen – allerdings nur langfristig und verbindlich. Das heißt: Unternehmen müssen direkt GeldgeberInnen finden, und diese können die Unternehmensanteile nicht weiterverkaufen, sondern allenfalls zurückgeben. Außerdem soll es keine Einkommen mehr geben auf das pure Mitbesitzen, weil sonst die oben beschriebenen Verteilungseffekte greifen und der Wachstumszwang ausgelöst wird. Stattdessen gibt es ein Mitbestimmungsrecht.

Die Motivlage dreht sich vielfach:

- Menschen tragen ihre Ersparnisse grundsätzlich zur gemeinwohlorientierten Bank, wo sie keine Zinsen erhalten, aber die Spareinlagen garantiert sind.
- Wer besonders wertvolle Unternehmen mitbesitzen und in ihnen mitgestalten möchte, gibt diesem Kapital und erhält dafür ein Mitbestimmungsrecht.
- Unternehmen erhalten einen Anreiz, ihren Sinn zu erklären, weil sie dadurch – im Unterschied zum Bankkredit – kostenlos zu Kapital kommen. Eine gute Gemeinwohl-Bilanz wird den Unternehmen auch hier behilflich sein …

Die Rechtsform der Aktiengesellschaft kann aufrecht bleiben. Allerdings wird zu einem Stichtag der Handel mit den Aktien ausgesetzt und die Aktie in eine Unternehmensbeteiligung umgewandelt. Der Wert dieses Anteils wird anteilsmäßig am realen Wert des Unternehmens gemessen.

Bis zu diesem Stichtag kann die extreme Umverteilungswirkung und Kurzfristorientierung von Aktiengesellschaften mit einer Reihe von Sofortmaßnahmen minimiert werden:

a. *Koppelung des Stimmrechts an die Haltedauer.* Aktionäre erhalten bei den Vollversammlungen nur dann ein Stimmrecht, wenn sie sich verpflichten, die Aktie mindestens zehn Jahre zu halten.

b. Einführung von *Börsenumsatz- oder Finanztransaktionssteuern*, die den Handel mit Aktien verteuern.

c. *Vermögenszuwachssteuern:* Kapitaleinkommen müssen bei der Meldung an das Finanzamt und Besteuerung gleich behandelt werden wie Arbeitseinkommen. Spekulationsfristen sind abzuschaffen.

d. *Stock-Options werden verboten.* Stattdessen wird die Hälfte des Einkommens von Vorständen und höheren Managern an *soziale oder ökologische Erfolgsindikatoren* gekoppelt, zum Beispiel an die Gemeinwohl-Bilanz.

e. Das *Einkommen* der Beschäftigten einer Aktiengesellschaft darf zum Beispiel das *Zwanzigfache des gesetzlichen Mindestlohnes* nicht übersteigen.

f. Nach dem Vorbild Norwegens müssen *Aufsichtsräte von Aktiengesellschaften* zu mindestens *vierzig Prozent mit Frauen besetzt* werden. Dieser könnte sich zudem *fünftelparitätisch* aus VertreterInnen des Kapitals, der Beschäftigten, der KundInnen, UmweltanwältInnen und Gender-Beauftragten zusammensetzen.

Die alternative Finanzierungsquelle zu Banken bleibt also erhalten. In der Gemeinwohl-Ökonomie gäbe es neben Fremd- und Eigenkapital als dritte Kapitalform eigenes (Gründungs-)Kapital, das durch eine Reform des Erbrechts als »Demokratische Mitgift« egalitärer verteilt würde.[25]

Damit wären junge UnternehmensgründerInnen nicht nur von Banken und Börsen unabhängig, sondern auch von Tantes und Omas Notgroschen.

Die vielleicht angenehmste Begleiterscheinung der Abschaffung der Börsen: Der tägliche Terror in Zeitungen, Radio und Fernsehen geht zu Ende. Wir können endlich wieder Nachrichten hören, ohne die irrelevanteste Nebensächlichkeit der Welt ständig in unsere Sinnesorgane gepresst zu bekommen.

8. Schließung des Casinos –
Festlegung der Rohstoffpreise

Neben Steueroasen, Hedge-Fonds und Schattenbanken sind Finanzderivate ein wichtiger Spieltisch des globalen Finanz-Casinos. Das Umschlagsvolumen von Finanzderivaten nähert sich dem Hundertfachen der Realwirtschaft und muss inzwischen in Billiarden angegeben werden[26] – eine für die meisten Menschen nicht mehr vorstellbare Größe. Wie an anderer Stelle ausgeführt, haben Finanzderivate schon viele Crashs verursacht[27] und mehr als nur einmal auch das gesamte Weltfinanzsystem an den Rand des Kollapses gebracht, was nur durch massive staatliche Interventionen verhindert werden konnte – zu hohen Kosten für die Allgemeinheit.

Finanzderivate sind hochgradig konzentriert und ermöglichen einer Handvoll großer Banken enorme Spiel- und Gewinnmöglichkeiten. Ihr realer Nutzen ist hingegen fragwürdig. Als Legitimation von Derivaten werden stets zwei Uralt-Lehrbuch-Beispiele angeführt: die Absicherung von Bauern gegen Rohstoffpreisschwankungen und die Absicherung von Exporteuren gegen Wechselkursschwankungen. Doch wie wir schon gesehen haben, wäre es mit der Umsetzung des Vorschlages von John Maynard Keynes mit der Instabilität der Wechselkurse vorbei. Auch für Rohstoffe gilt, dass der Markt der schlechteste Ort ihrer Preisbildung ist. Nahrungsmittel, Energiequellen, Industrieressourcen oder Baustoffe sind zu heikel, als dass ein – immer wieder zutiefst irrationales und keine ökologischen, sozialen oder menschenrechtlichen Rücksichten nehmendes – Zusammenspiel aus Angebot und Nachfrage ihren Preis bestimmen dürfen soll. Wie sehen die Alternativen aus?

- Bei *Energie- und Industrierohstoffen* könnte ein globaler Ressourcenrat in der UNO die Preise nach den Kriterien Nachhaltigkeit, Verteilungsgerechtigkeit und ökologisch und menschenrechtlich verträgliche Förderung gestalten.
- Bei *Agrarrohstoffen*, die dem *Genuss* dienen – Kaffee, Kakao, Zuckerrohr, Baumwolle –, sollten die Preise den ErzeugerInnen ein würdiges Einkommen sichern, ökologischen Anbau bevorzugen und selbständige Bäuerlichkeit anstatt Großplantagen mit Lohn-, Kinder- oder Sklavenarbeit.
- Bei *Grundnahrungsmitteln* muss neben gerechten ErzeugerInnenpreisen darauf geachtet werden, dass sich alle Menschen die Lebensmittel leisten können und das Menschenrecht auf Ernährung gesichert bleibt.

Der Markt kann keine dieser Zielsetzungen erfüllen, er regelt nur Angebot und Nachfrage. Wenn aber die beiden zentralen Legitimationen für Derivate – volatile Wechselkurse und Rohstoffpreise – entfallen, weil sie nicht länger über den Markt gebildet werden, sind auch die beiden wichtigsten Legitimationsgründe für Finanzderivate gegenstandslos. Kreditderivate, die für die Immobilienkrise mitverantwortlich waren (CDOs), und Kreditausfallversicherungen, mit denen auf Staatspleiten gewettet werden kann (CDS), sind zwei Beispiele für besonders unnütze und sogar gemeingefährliche Derivate. In einer Rückbauphase des globalen Casinos könnten nur noch von der Finanzaufsicht zugelassene Derivate an beaufsichtigten Börsen weiterverwendet werden. Dort sollten sie jedoch mit hohem Eigenkapital unterlegt werden müssen, um spekulative Betätigung zu minimieren: bis zu hundert Prozent.

9. Ohne Märkte kein Rating

Rating-Agenturen spielen nur in Finanz*märkten* eine Rolle: wenn Aktien, Anleihen, Derivate oder Kredite *gehandelt* werden. Doch all das ist höchst fraglich, wie wir gesehen haben. Mit dem Rückbau der Märkte erlischt die Notwendigkeit von Ratings:

- Wenn Staaten sich über Zentralbankkredite finanzieren oder nur in geringem Ausmaß über fixverzinste Schuldentitel, braucht es kein Rating ihrer *Anleihen*.
- Wenn *Kredite* grundsätzlich von den vergebenden Banken in den eigenen Büchern gehalten werden müssen und nicht verpackt und verkauft werden dürfen, braucht es kein Rating.
- Wenn *Aktien* und andere Unternehmensbeteiligungen nur noch gehalten werden, aber nicht mehr gehandelt, braucht es ebenso wenig ein Rating.
- Wenn *Derivate* gar nicht mehr zugelassen und in einer Übergangsphase nur als standardisierte Instrumente an beaufsichtigten Börsen vertrieben werden, braucht es auch hier kein Rating.

Die Entmachtung der Rating-Agenturen geschieht also, indem ihr Geschäftsfeld ausgetrocknet wird. Weder eine öffentliche noch eine private »EU-Rating-Agentur« brächten eine Lösung. Die öffentliche Rating-Agentur käme in die Verlegenheit, private Unternehmen bewerten zu müssen. Was wäre, wenn sie danebenliegt? Kann dann der Staat verklagt werden oder hat auch er nur seine »Meinung« geäußert? Und was würde wohl passieren, sollte eine EU-Rating-Agentur ein Land wie Griechenland hochstufen, während drei große private Agenturen den Daumen unten lassen?

10. Globale Pflichten für globale Freiheiten

Das neoliberale Schema der Globalisierung: Durchsetzung globaler Wirtschaftsfreiheiten – freier Kapitalverkehr, Freihandel, globaler Schutz des Eigentums von Konzernen – ohne jegliche Pflichten, weder in Gestalt verbindlicher Arbeits-, Sozial- oder Umweltstandards noch in Gestalt globaler Steuerpflichten – ist der Keim von Unruhen, gewalttätigen Konflikten und Zwangsmigration. Wer die Globalisierung fair gestalten möchte, muss als ersten Schritt den Globalisierungsgewinnern verbindliche Pflichten vorgeben, damit es ein ausgewogenes Verhältnis von Freiheit und Verantwortung gibt. Neben einem Pflichtenkatalog für Konzerne – verbindliche Menschenrechts-, Arbeits-, Sozial-, Gesundheits-, Sicherheits- und Umweltstandards[28] – braucht es auch globale Steuern, welche die hochkonzentrierten Globalisierungsgewinne wieder dekonzentrieren. Aus einer wirklich liberalen Perspektive hätte es niemals eine Globalisierung der Märkte geben dürfen ohne globale Steuerpflichten. Das wäre so, als würden Regierungen internationale Autobahnen bauen, auf denen sie nicht nur auf die Straßenverkehrsordnung verzichten, sondern auch keine Benützungsgebühr einheben.

Was wäre konkret zu tun? Seit Mitte der 1990er Jahre

gibt es jährlich Weltreichtumsberichte, welche die Entwicklung der globalen »Dollar-Nettomillionäre« und ihrer Vermögen detailliert erfassen. Daraus wissen wir, dass der enge Privilegiertenkreis, der mindestens eine Million US-Dollar »liquides«, also nicht für den Konsum und selbst bewohnte Immobilien benötigtes Anlagevermögen, besitzt, das unbeschreibliche Vermögen von 42,7 Billionen US-Dollar angehäuft hat.[29] Der geringfügige Rückgang im Krisenjahr 2008 wurde 2010 bereits wieder mehr als wettgemacht, die Vermögenden sind reicher als je zuvor in der Geschichte.

Allein ihr Vermögenszuwachs in den letzten fünfzehn Jahren betrug 26 Billionen US-Dollar: das Sechsfache der Kosten der Bankenrettung in der EU (4,6 Billionen Euro). Wohlgemerkt: Diese Personen waren damals schon so reich, dass sie mit mindestens einer Million US-Dollar nichts Besseres anzufangen wussten, als sie auf die globalen Finanzmärkte zu werfen, wo diese entscheidend zur Blasenbildung beitrugen. Eine Steuer für High Net Worth Individuals würde nicht nur Gerechtigkeit bringen, sondern auch den Stoff, aus dem sich Blasen bilden, »deflationieren«, also verringern.

Eine einprozentige HNWI-Vermögenssteuer würde jährlich 430 Milliarden US-Dollar einbringen, zwei Prozent 860 Milliarden US-Dollar, drei Prozent 1,3 Billionen Euro. Damit ließen sich viele Probleme lösen. Und die Globalisierung bekäme ihren fairen Preis.

Jede/r PolitikerIn, der/die für Globalisierung *und liberal* ist, müsste glaubwürdigerweise auch Vorschläge unterbreiten, wie eine HNWI-Steuer angegangen und umgesetzt werden könnte. Das scheint flächendeckend nicht der Fall zu sein. Eine globale Vermögenssteuer für die Globalisierungsgewinner scheitert an den derzeit immer noch herrschenden – neufeudalen – Machtverhältnissen und der damit verbundenen immer noch herrschenden feudalen Gesinnung der politischen Eliten. Deshalb sollte ein noch weiter gehender Schritt diskutiert werden.

11. Begrenzung der Ungleichheit

Die übermäßige Konzentration von Vermögen von heute führt zu:

1. immer ungleicherer Verteilung;
2. wachsender Instabilität;
3. Außerkraftsetzung der Demokratie infolge der wachsenden politischen Macht der Vermögensbesitzenden.

Die politische Macht der Vermögenselite ist so groß, dass die fundamentalsten Marktgesetze außer Kraft gesetzt werden:

- es werden Märkte ohne Aufsicht geschaffen;
- es werden systemrelevante Banken geduldet;
- systemrelevante Banken werden mit Steuergeld gerettet;
- Geld wird immer teurer, die Verteilung immer ungerechter.

Zu große Ungleichheit ist das Ende von Markt und Demokratie. Deshalb reicht es nicht aus, hohe Vermögen zu besteuern, es muss auch eine relative Begrenzung der Ungleichheit und damit eine Obergrenze für die Einkommens- und Vermögensungleichheit geben. Das habe ich an mehreren Stellen ausführlich begründet[30], weshalb ich hier nur die Vorschläge wiederhole und zur genaueren Diskussion auf andere Stellen verweise:

1. *Begrenzung der Ungleichheit bei Einkommen.* Es darf nicht sein, dass die einen trotz Fünfzig-Stunden-Arbeitswoche hungern oder öffentliche Lebensmittelmarken beziehen und die anderen für fragwürdige Finanzgeschäfte fünf Milliarden US-Dollar pro Jahr verdienen. Beim interaktiven Spiel »Demokratie« habe ich in über

300 Vorträgen das Publikum befragt, wo es die Grenze für die Ungleichheit bei Einkommen setzen würde. Nach dem Einsammeln von Vorschlägen (vom Einfachen bis zum Unendlichen) wird »systemisch konsensiert«, das heißt, der Vorschlag mit dem geringsten Widerstand ermittelt. 295-mal gewann der Faktor zehn: Die Höchsteinkommen sollen für die gleiche volle Arbeitszeit nicht mehr als das Zehnfache des gesetzlichen Mindestlohns betragen dürfen – oberhalb dieser Grenze würde ein Einkommenssteuersatz von hundert Prozent greifen. Derzeit liegt das Verhältnis zwischen Höchst- und Mindesteinkommen in Österreich beim Faktor 800, in Deutschland beim Faktor 5000 und in den USA beim Faktor 350000. Bei demokratischer Diskussion und Abstimmung würde das nie und nimmer durchgehen. Die Begrenzung der Ungleichheit könnte zur Eintrittsbedingung in den Weltmarkt werden: Wer höhere Ungleichheit zulässt, mit dem wird eben nicht mehr frei – oder gleich – gehandelt.

2. *Obergrenze für Vermögen.* 54 Milliarden US-Dollar wie in den USA (Bill Gates), 25,5 Milliarden in Deutschland (Karl Albrecht) und 33,8 Milliarden Euro in Österreich (Familien Piëch/Porsche) sind zu viel. So viel Geld kann niemand aus eigener Leistung erwirtschaften, und so viel Geld macht diese Menschen zu einflussreich und mächtig im Verhältnis zu anderen. Wo die Obergrenze liegen soll, bei zehn, fünfzig oder hundert Millionen Euro oder in anderer Höhe, sollte demokratisch – in einem Wirtschaftskonvent – ausdiskutiert, in ein Gesetz formuliert und von der Bevölkerung beschlossen werden. Der Übergang von Riesenvermögen zu moderatem Reichtum könnte über eine Reform des Erbrechts geregelt werden. Dort wo die Freiheit des einen beginnt, die Freiheit anderer zu beschränken – das ist bei Milliardenimperien und Massenarbeitslosigkeit zweifellos der

Fall –, muss die Freiheit der Mächtigeren zum Schutz der Schwächeren begrenzt werden. Das Freiheitsbegrenzungsprinzip ist der urliberale Grundsatz Nummer eins, der endlich auch auf die Eigentumsverhältnisse angewandt werden sollte.

Anmerkungen

1 WirtschaftsWoche, 27. September 2011.
2 The Wall Street Journal, 28. Januar 2011.
3 G20 (2008).
4 UNCTAD (2011), 98 ff.
5 Süddeutsche Zeitung, 10. Oktober 2011.
6 Bericht des Finanzministers an den Hauptausschuss des Nationalrates über Maßnahmen nach dem Finanzmarkt-stabilisierungsgesetz (FinStaG) und Interbankenmarktstär-kungsgesetz (IBSG) per 31. März 2011.
7 FAZ, 18. Juni 2011.
8 Welt am Sonntag, 4. September 2011.
9 UNITED NATIONS CONFERENCE ON THE WORLD FINAN-CIAL AND ECONOMIC CRISIS AND ITS IMPACT ON DEVE-LOPMENT (2009), 81.
10 SCHÄFER (2009), 281.
11 FELBER (2009), 81 ff.
12 www.demokratische-bank.at
13 UNCTAD (2011), 93.
14 http://www.attac.de/aktuell/neuigkeiten/detailansicht/datum/2011/04/08/attac-veroeffentlicht-liste-deutscher-banken-in-steueroasen/?no_cache=1&L=2
15 www.gemeinwohl-oekonomie.org
16 Deutsches Institut für Wirtschaftsforschung, Wochenbericht Nr. 4/2009 vom 21. Januar 2009.
17 http://www.footprintnetwork.org/de/index.php/GFN/page/earth_overshoot_day/
18 WUPPERTAL-INSTITUT (2005).
19 LORDON (2010).
20 BAKAN (2004), 56 f.
21 LORDON (2010).

22 WirtschaftsWoche, 21. Februar 2009.

23 Ernst & Young, Die Presse, 28. März 2011.

24 LAGENEAU / RIVA (2011).

25 FELBER (2010), 67 ff.

26 FELBER (2009), 36.

27 Ebd., 35.

28 FELBER (2006), 219 ff.

29 CAPGEMINI & MERRILL LYNCH (2011), 1.

30 FELBER (2006), 276 ff., FELBER (2008), 285 ff. und FELBER (2010), 61 ff.

VI. Demokratisierung der EU

Die Euro-Krise hat die Konstruktionsfehler der Europäischen Union schonungslos offengelegt, das ist das Gute an der Krise. Die Konstruktionsfehler sind wiederum ein Symptom der undemokratischen Bauweise des Hauses Europa. Die Euro-Krise eröffnet eine Chance auf einen demokratischen Neubau des Hauses Europa. Ohne grundlegende demokratische Reformen steht es um den Weiterbestand des »Friedensprojekts« ziemlich schlecht.

1. Demokratische Legitimation des Vertrags

Das Haus Europa wird nunmehr seit 55 Jahren aufgebaut – und dabei immer größer und komplexer. Auch die Zahl der BewohnerInnen steigt deutlich. Es ist nicht nur eine Frage der Demokratie, sondern des Hausverstandes, dass die Hausordnung – die verfassten Spielregeln für das Zusammenleben in diesem Haus – unter Mitwirkung der BewohnerInnen zustande kommen müssen, wenn diese sich wohlfühlen und mit der gemeinsamen Wohnung identifizieren sollen. Man könnte argumentieren: Zu Beginn, als die Europäische Gemeinschaft nur wenige Kompetenz-Bereiche berührte, war ein Vorgehen der Regierungen ohne Einbindung der BürgerInnen noch gerechtfertigt. Doch in dem Maße, in dem das Haus an Größe und Komplexität gewinnt, ist es inakzeptabel, die BürgerInnen nicht nur außen vor zu lassen, sondern ihnen Konstruktion und Hausordnung sogar gegen ihren ausdrücklichen Willen aufzuzwingen. Symptome derselben undemokratischen Machtpolitik sind: die Fehlkonstruktion des Euro, die gezielte Heranzüchtung systemrelevanter Banken, ihre Rettung mit dem Geld der SteuerzahlerInnen, das wenn nötige Unterlassen einer EU-Finanzmarktaufsicht oder die Liberalisierung des Kapitalverkehrs in Steueroasen.

Das Europa der Regierungen ist nicht das Europa der BürgerInnen. Hätten sie die einzelnen rechtlichen Fundamente der EU direkt abstimmen können, wäre viel Schaden nicht geschehen. Spätestens mit der Einheitlichen Europäischen Akte und dem Maastricht-Vertrag, die den Binnenmarkt und die Gemeinschaftswährung brachten, hätten die neuen Verträge nach dem Prinzip der Gewaltentrennung ausgearbeitet werden müssen. Das bedeutet vielerlei. Erstens, dass die »konstituierende Gewalt« eine andere sein muss als die »konstituierte Gewalt«. Zu Deutsch: Die Regierungen dürfen die Verfassung nicht selbst schreiben, weil sonst die Gefahr besteht, dass sie die Spielregeln so gestalten, dass sie sich selbst ein Maximum an Entscheidungsmacht zuteilen und die Rechte der Bevölkerung, des Souveräns, kurzhalten.

In einer Demokratie ist die einzig legitime »konstituierende Gewalt« der demokratische Souverän. Eine demokratische Verfassung müsste aus der Bevölkerung heraus entstehen, zum Beispiel indem diese einen Konvent (eine verfassungsgebende Versammlung), der den Grundlagenvertrag verfasst, direkt wählt und über das Ergebnis selbst entscheidet – durch Volksabstimmungen in allen Mitgliedstaaten. Das angenommene Ergebnis wäre der gültige Vertrag. Um möglichst viele Menschen schon in den Verfassungsprozess einzubinden, könnten im Zeitalter des Internets alle Wahlberechtigten ein »Demokratiekonto« erhalten, über das Stimmungsbilder, Eingaben und auch Abstimmungen eingeholt werden können. Das wäre ein gewaltiger Sprung in Richtung Beteiligungsdemokratie.

Mit fortschreitender Integration haben die Regierungen gerochen, dass die Legitimität neuer EU-Verträge immer geringer wird, wenn die Souveräne nicht in den Verfassungsprozess eingebunden werden oder wenigstens über das Ergebnis abstimmen dürfen. Deshalb beriefen sie 2002 auch einen Verfassungskonvent ein. Dessen Mitglieder wurden jedoch nicht demokratisch gewählt, sondern von Regierungen und Parlamenten nominiert – die »instituierte Gewalt« setzte sich selbst in die verfassungsgebende Versammlung. Das war das erste Foul an der Demokratie. Das zweite war die Geschäftsordnung des Konvents. Denn das letzte Wort hatten dort nicht die Konventmitglieder, sondern das Präsidium, dessen Vorsitz drei Regierungsvertreter führten: der französische Ex-Staatspräsident Valéry Giscard d'Estaing, der italienische Ex-Außenminister Giuliano Amato und der belgische Ex-Premier Jean-Luc Dehaene. Dieses Triumvirat setzte sich in vielen Fragen einfach über den Mehrheitswillen der Konventmitglieder hinweg. So auch in der heikelsten aller Fragen: Wer stimmt über das Ergebnis des Konvents ab? Die Mehrheit der Konventmitglieder war sich einig, dass dies in allen Mitgliedstaaten der rechtmäßige Souverän sein müsse. Doch das Präsidium sagte »Njet«. Keine Volksabstimmungen! »Ich habe noch nie eine derartige Untransparenz, eine völlig undurchsichtige, sich dem demokratischen Wettbewerb der Ideen im Vorfeld der Formulierung entziehende Veranstaltung erlebt. Der Konvent ist angekündigt worden als die große Demokratie-Show. Ich habe noch keine dunklere Dunkelkammer gesehen als den Konvent«, kommentierte deshalb der luxemburgische Premier Jean-Claude Juncker enttäuscht.[1]

Mit dem Demokratieverständnis der politischen Eliten ist es also erschreckend weit her – die feudalen Züge überwiegen hier noch. Was aber nach dem Konvent geschah, muss als Putsch gegen die rechtmäßigen Souveräne eingestuft werden. Zunächst stimmten vier Souveräne über den Verfassungsvertrag ab. Zwei davon – der französische und der holländische – lehnten das Regierungswerk mit klarer

Mehrheit ab. Damit hätte der EU-Verfassungsentwurf begraben werden müssen. Doch was taten die Regierungen? Sie schminkten die Verfassung in einen gewöhnlichen »Vertrag« – den Lissabon-Vertrag – um und behaupteten zugleich, dass infolge der Entschärfung nun keine Volksabstimmungen mehr nötig seien und »die inhaltliche Substanz zu mehr als 95 Prozent erhalten geblieben« sei.[2] Eine größere Chuzpe ist kaum vorstellbar.

Die Umwandlung vom Verfassungsentwurf in den Lissabon-Vertrag nahm weder ein direkt gewählter noch ein mit Regierungsfreunden bestellter Konvent vor, sondern der juristische Dienst des Rates. Die Regierungen setzten sich nicht nur über jeden demokratischen Prozess hinweg, sie ließen sich auch nicht von Umfragen, wonach in allen Mitgliedstaaten eine Mehrheit der Bevölkerung über den Lissabon-Vertrag abstimmen wollte, beeindrucken. In Deutschland waren dies laut einer Forsa-Umfrage 82 Prozent der Bevölkerung.[3] Einzig in Irland musste die Bevölkerung aufgrund der Landesverfassung selbst entscheiden. Und sie sagte erneut nein – als dritter von fünf befragten Souveränen. Anstatt nun endgültig die Niederlage einzugestehen und die Vorgangsweise zu ändern, beschlossen die Regierungen, dass der irische Souverän »falsch« abgestimmt habe und »wiederholen« müsse. Mit einer massiven Einschüchterungspropaganda – die EU würde auseinanderfallen, wenn die IrInnen dem Lissabon-Vertrag nicht zustimmten – konnte das Inselvolk auf Linie gebracht werden. Beim zweiten Anlauf stimmten die verängstigten IrInnen mit Ja, und der Lissabon-Vertrag trat am 1. Dezember 2010 in Kraft.

In Diskussionen wird oft angeführt, dass die Bevölkerung über ein 500-Seiten-Monster, wie es der Lissabon-Vertrag darstellt, gar nicht richtig Bescheid wissen und vernünftig abstimmen könne – dies müssten die »ExpertInnen« in den Parlamenten tun. Die Realität zeigt das genaue Gegenteil: Während etwa in Frankreich, wo die Bevölkerung abstimmen durfte, Bücher über den Verfassungsvertrag monatelang in den Bestsellerlisten aufschienen und mehr als eine Million Exemplare verkauft wurden, war das Interesse in Deutschland, wo die »Experten« allein abstimmten, nahe null. Ungefähr dort befand sich auch deren Informationsstand, wie ein ARD-Monitor-Beitrag eindrucksvoll zeigte. Selbst die einfachsten Fragen zum 500-Seiten-Vertrag konnten am Tag der Abstimmung von den befragten Bundestagsabgeordneten nicht beantwortet werden.[4] Eine verantwortungsvolle Entscheidung kann das nicht gewesen sein.

Auch der gewaltige Umfang – von überlasteten Abgeordneten kaum einfacher zu bewältigen als von einfachen Männern und Frauen – war ein »Argument« gegen eine Volksabstimmung. Hier gilt es nachzufragen: Warum wurde überhaupt so ein 500-Seiten-Monster kreiert? Die USA kommen bis heute mit einer zwölfseitigen Verfassung aus. Dass auch die EU des 21. Jahrhunderts keinen dickeren Grundlagenvertrag bräuchte, bewies das Europäische Parlament Mitte der 1980er Jahre. Vorausschauend schrieb es auf 22 Seiten eine Verfassung für Europa – und nahm sie mehrheitlich an. Doch es besaß keine verfassungsgebende Kompetenz. Die Regierungen beförderten die Arbeit des Parlaments in den Papierkorb, um kurz danach mit der Einheitlichen Europäischen Akte einen ganz anderen Kurs einzuschlagen. Die EEA war vom European Round Table of Industrialists inspiriert und ging zur Binnenmarkt-Offensive über. Seither wird das Europäische Projekt in Richtung Freihandel ohne soziale Sicherheit und Rohstoffimport plus militärische Aufrüstung getrimmt. Der »Spinelli-Vertrag«, jene schlanke Verfassung des Parlaments, enthält die Verpflichtung zur Abrüstung gleich zweimal, einmal bei den Zielen der Union ganz zu Beginn, und einmal bei den Internationalen Beziehungen.[5] Im Lissabon-Vertrag verpflichten sich hingegen alle EU-Mitgliedstaaten in Artikel 42 VEU zur »schrittweisen Verbesserung ihrer militärischen Fähigkeiten«.[6] Das Wort Abrüstung kommt in Bezug auf die EU nullmal vor, nur einmal in Bezug auf Nicht-EU-Staaten. Artikel 42 bis 44 sehen ferner Militäreinsätze im Ausland ohne UN-Mandat vor, eine Stärkung der NATO sowie eine »Verteidigungsagentur«, die »Maßnahmen zur Stärkung der industriellen und technologischen Basis des Verteidigungssektors ermittelt und durchführt«. Ist das die Verfassung eines Friedensprojekts? Würde ein demokratischer Konvent solche Ziele festschreiben?

Die Regierungen haben einen undemokratischen Konvent inszeniert und den noch undemokratischeren Lissabon-Vertrag den Souveränen aufgezwungen. In einer echten Demokratie müssten die Souveräne den Konvent wählen und über den Vertrag abstimmen können. Was aber, wenn dies eines Tages gelingt und einer der Souveräne mit »Nein« stimmt?

2. Echte Souveränität und Subsidiarität

Der politische Diskurs über die Europäische Union strotzt nur so vor Doppelzüngigkeiten. Der »zu über 95 Prozent in der Substanz erhaltene« Verfassungsvertrag, über den keine Volksabstimmungen mehr nötig seien, ist ein gutes Beispiel. Ein anderes ist die Sonntag für Sonntag exerzierte Beschwörung des Subsidiaritätsprinzips, während die Kompetenzen systematisch zentralisiert werden und sogar die Kompetenzkompetenz, also die Entscheidung, welche Kompetenzen der EU-Ebene zufallen, schleichend von den Mitgliedstaaten an die EU übergeht.[7]

»Subsidiare« heißt auf Lateinisch »helfen«, und das politische Subsidiaritätsprinzip besagt, dass dort, wo eine politische Einheit nicht mehr selbst zurande kommt, die höhere Einheit helfend einspringt. Während es einleuchtet, dass eine Kommune kein Eisenbahnnetz bis Brüssel bauen kann und hier eine höhere – aus meiner Sicht die EU-Ebene – entscheiden sollte, gibt es bei anderen Kompetenzen wie der Handels- oder der Agrarpolitik keine erkennbare Logik, dass hier Nationalstaaten nicht selbst zurande kommen. »Hilfe« benötigen sie bei der Festlegung der höchstzulässigen Gurkenkrümmung sicher keine – auch nicht bei der Entscheidung, ob sie gentechnisch veränderte Kulturpflanzen zulassen wollen. Dennoch ruhen diese Zuständigkeiten heute bei der EU. Das Subsidiaritätsprinzip ist ausgehöhlt worden.

Demokratiepolitisch betrachtet kann die Entscheidungsgewalt in einem Politikbereich immer nur durch eine Volksabstimmung an eine höhere Ebene abgetreten werden; denn hierbei handelt es sich um einen Souveränitätsverzicht, und wer sonst als der legitime Souverän kann die Entscheidung treffen, ob er das möchte oder nicht? Die Verlagerung von Souveränitätsrechten auf die EU-Ebene durch die Regierungen ist ein politischer Putsch gegen die Souveräne.

Das legt zwei Schlussfolgerungen nahe:

1. Bei einer demokratischen Abstimmung über einen neuen EU-Vertrag in allen Mitgliedstaaten gilt dieser nur in denjenigen Staaten, in denen die Volksabstimmung positiv ausfällt.

2. Um keine fatale »Alles-oder-nichts-Entscheidung« vorzulegen, sollte ein ähnlich schlankes Verfassungsdokument wie die US-Verfassung (zwölf Seiten), der Spinelli-Vertrag (22 Seiten) oder das deutsche Grundgesetz (fünfzig Seiten), in dem nur die Werte, Ziele und Institutionen sowie die Kompetenzverteilung auf die verschiedenen Ebenen geregelt werden, extra abgestimmt werden; und sodann alle Politikbereiche einzeln oder in verdaulich dünnen und stimmigen Bündeln.

Gegen solch einen demokratisch sauberen Ablauf wird reflexartig eingewandt, dies sei ein »Europa à la carte«. Und? Wäre das schlecht? Erstens würde dann wirklich nur dort gemeinsame Politik gemacht, wo die BürgerInnen dies ausdrücklich wünschen und selbst entschieden haben. Europa ist kein Selbstzweck, sonst müssten ja sofort die Nationalstaaten aufgelöst und die Vereinigten Staaten von Europa gegründet werden. Wer hätte dazu die Legitimation? Zweitens gibt es das Europa à la carte schon die längste Zeit, Beispiele: Schengen oder Euro. Der Lissabon-Vertrag fügt ohne jede Diskussion zwei weitere EU-Menü-Punkte hinzu: Aufrüstung und Grundrechte: 1. Die »strukturierte Zusammenarbeit« konstituiert ein militärisches Kerneuropa, das noch schneller rüsten soll als der Rest. 2. Die Grundrechte-Charta gilt bekanntermaßen nicht für Tschechien und Großbritannien: Sie ist freiwillig. Das Europa à la carte ist also längst Realität und wird durch den Lissabon-Vertrag noch facettenreicher. Diese Entscheidung trafen jedoch keine kaprizierten Souveräne, sondern die Regierungen!

Die Grundrechte gehören zum absoluten Kern einer Staatengemeinschaft und müssten jedenfalls in das Verfassungsdokument. Dass die Grundrechte im Lissabon-Vertag zu einem Menüwahl-Punkt verkommen sind und nicht für alle gelten, ist ein schwerer Glaubwürdigkeitsverlust für das Projekt Europa: Wie soll die EU in der Welt überzeugend als Demokratie-Vorbild auftreten, wenn freier Handel und Kapitalverkehr verpflichtend sind, die Grundrechte aber freiwillig? Wenn sich ein Land wie zum Beispiel Großbritannien nicht durchringen kann, die gemeinsamen Grundrechte anzuerkennen, sollte die Entscheidung sein, sich andere Verbündete zu suchen, die ähnliche Werte teilen. Wichtig: Auch hier spreche ich nicht über die Unfähigkeit von *Regierungen*, sich zu einigen, nicht von Souveränen! Ich halte es für äußerst unwahrscheinlich, dass die britische Bevölkerung tatsächlich mehrheitlich die Grundrechte-Charta ablehnt.

Unabhängig von dieser Einzelfrage: Würde ein EU-Verfassungskonvent direkt demokratisch gewählt, kämen in einer Reihe von wesentlichen Vertragsinhalten ganz sicher andere Ergebnisse zustande. Ein paar Beispiele von möglichen alternativen Inhalten, wenn die BürgerInnen die Verträge selbst schrieben:

- saubere Subsidiarität;
- EU-Finanzmarktaufsicht;
- Größengrenze für Banken zur Verhinderung von Systemrelevanz;
- begrenzte Staatsfinanzierung durch die EZB;
- kein freier Kapitalverkehr in Steueroasen;
- Verpflichtung zur Abrüstung;
- keine Patente auf Lebewesen;
- EU-weite Mindest- und Höchsteinkommen;
- direkte Demokratie: EU-weite Volksabstimmungen.

Meine Überzeugung ist: Wenn die Prozesse, die zu neuen Verträgen führen, sauber demokratisch sind und das Subsidiaritätsprinzip ernst nehmen, werden alle Souveräne dem neuen Vertrag freudig zustimmen. Dass solche Prozesse möglich sind und auch glücken, bezeugt die jüngere Geschichte: Im Kanton Zürich kam die Bevölkerung zur Auffassung, dass die Verfassung nicht mehr dem Stand der Zeit entspreche. 1999 wurde ein Verfassungskonvent – bestehend aus 29 Frauen und 71 Männer aus sechs Fraktionen – direkt gewählt, über das Ergebnis stimmte der Souverän 2005 ab – und nahm es mit großer Mehrheit an.[8] Daher: Wenn das Europäische Haus demokratisch gebaut wird, werden alle oder fast alle Souveräne mitmachen und gerne darin wohnen; das Ablehnen der Hausordnung (Beispiele Frankreich, Holland, Irland) ist ja nicht Ausdruck der Neigung zum Nationalismus, sondern des Bedürfnisses nach Demokratie!

3. Gewaltentrennung

Ein fundamentaler Demokratiemangel auf EU-Ebene ist die Missachtung des Prinzips der Gewaltentrennung. Das auf Montesquieu, Locke und Rousseau zurückgehende Prinzip meint im Kern, dass die Entscheidungs- und Kontrollkompetenzen in einer Demokratie so verteilt sein sollten, dass sich die Macht nirgendwo konzentrieren kann. Die berühmte Dreigliederung Legislative – Exekutive – Judikative ist nur ein exemplarischer Ausdruck dieses Prinzips, nicht aber das Prinzip selbst. Der Grundgedanke muss immer wieder erinnert und auf aktuelle Situationen angewandt werden, denn die Macht konzentriert sich immer woanders neu.

Ein schon beschriebener Ausdruck von Gewaltentrennung ist der, dass die »instituierende Gewalt«, die eine Verfassung schreibt und beschließt, eine andere sein muss als die, die durch die Verfassung eingesetzt wird (»instituierte«). Ein anderer ist, dass Legislative und Exekutive voneinander getrennt sein müssen. In der EU ist das bis heute nicht der Fall, auch mit dem Lissabon-Vertrag nicht: Das mächtigste Legislativ-Organ der EU ist nicht das – direkt gewählte – EU-Parlament, sondern der Rat, der sich aus nationalen Exekutivmitgliedern zusammensetzt. Die Rechte des EU-Parlaments sind stark beschnitten: Es darf keine Gesetze initiieren, obwohl das Gesetzesinitiativrecht eine Grundfunktion eines Parlaments ist. Die demokratisch nicht direkt legitimierte Kommission herrscht über das Initiativmonopol. (Wer aller in einer Demokratie ein Gesetz initiieren darf, steht nirgendwo geschrieben, das kann in jedem demokratischen Gemeinwesen anders geregelt sein; und das Recht, ein Gesetz zu entwerfen, sagt noch nichts darüber aus, wer es beschließen darf.) Zweitens darf das EU-Parlament in keiner Angelegenheit allein entscheiden. Dort, wo es ein Stimmrecht besitzt, ist es auf

eine Einigung mit dem Rat angewiesen, obwohl die Exekutive nicht dazu gewählt ist, Gesetze zu beschließen. Was
dem Fass den Boden ausschlägt: In einer ganzen Reihe politischer Schlüsselbereiche entscheidet der Rat allein, das
Parlament hat gar kein Stimmrecht. In der Außen- und
Sicherheitspolitik oder der Steuerpolitik sind die nationalen Exekutiven der alleinige Gesetzgeber auf EU-Ebene.
Daran hat auch der Lissabon-Vertrag, der die Anzahl der
Politikfelder erhöht, in denen das EU-Parlament mitbe-
stimmen darf, nichts geändert.

Für die mächtige Doppel-Rolle des Rates könnte argumentiert werden, dass diese ein Ausdruck von »Subsidiarität« sei in dem Sinne, dass bei Entscheidungen, die der
Einstimmigkeit unterliegen, kein Land gegen seinen – souveränen! – Willen überstimmt werden könne. Doch genau
dieses Problem wäre mit der »Sauberen Souveränitäts-
regel« gelöst (anstatt durch unsaubere Gewaltenvermi-
schung): Für diejenigen Staaten, die einen bestimmten Politikbereich vergemeinschaften, schreibt nur noch das
Parlament die Gesetze. (Oder die Souveräne, dazu komme
ich noch.) Ist der Politikbereich nicht vergemeinschaftet,
bleibt die Entscheidungskompetenz eben im Mitgliedstaat.
Die »Halbvergemeinschaftung« ist zutiefst undemokratisch, denn der Rat kann ohne direkte Legitimation Gesetze erlassen, die gegen den demokratischen Mehrheitswillen verstoßen, und gegen welche die Souveräne kein
Korrekturinstrument in der Hand haben. Eine saubere Lösung wäre folgender Dreischritt:

1. Die nationalstaatlichen Souveräne delegieren in Volksabstimmungen klar definierte Politikfelder an die EU-
   Ebene, wodurch dort ein EU-weiter Souverän mit
   Selbstbestimmungsrecht entsteht.
2. Dieser kann sich über EU-weite Wahlen eine Vertretung
   wählen: ein Parlament mit allen legislativen Kompetenzen. Das Parlament initiiert und verabschiedet Gesetze.

3. Weicht das Parlament vom Mehrheitswillen des Souveräns ab, kann dieser das Parlament korrigieren oder ergänzen: der Gewaltentrennung nächster Teil.

Der Rat ist vollkommen entbehrlich. Wenn die Souveränität ausdrücklich delegiert ist, muss er nicht mehr den
Souveränvertreter spielen. Diese Macht missbraucht er
heute regelmäßig: Die Exekutiven der Mitgliedstaaten treffen auf EU-Ebene immer wieder Entscheidungen, die in
direkter Abstimmung in kaum einem Mitgliedstaat mehr-
heitsfähig wären. Von der Post-Liberalisierung über den
Finanzbinnenmarkt ohne Aufsicht bis zur EU-Biopatent-
richtlinie, die geistiges Eigentum an Lebewesen legalisiert:
Diese Entscheidungen fänden auf der Ebene der Mitgliedstaaten keine demokratische Mehrheit!

Als Alternative zum Rat als Vertreter der Mitgliedstaaten wäre noch eine zweite Kammer im EU-Parlament
denkbar, die sich aus Delegierten der nationalen Parlamente zusammensetzt. Allerdings ist das nach der Entste-
hung eines EU-Souveräns nicht mehr unbedingt nötig.
Denn der EU-Gesetzgeber wäre dann direkt demokratisch
legitimiert – für jene Politikbereiche, für die ihm die nationalen Souveräne sauber die Souveränität übertragen haben …

4. Direkte Demokratie

Eine der großen Frustrationen mit der Demokratie in Ländern wie Deutschland oder Österreich besteht darin, dass
der Souverän zwischen den punktuellen Ereignissen seiner demokratischen »Zulassung« – der Wahl von Parteien
alle vier oder fünf Jahre – so gut wie machtlos ist und weder gestaltend noch kontrollierend aktiv werden kann. Ein
echter Souverän müsste alle Instrumente der Politikge-
staltung in der Hand haben. Das Wort Souverän kommt

vom Lateinischen »superamus« und bedeutet »über allem stehend«. Wer über allem steht, müsste auch überall das letzte Wort haben. Die gewählte Vertretung steht logischerweise unter dem Souverän, denn es ist ja nur zu seiner Vertretung bestellt – aus dem praktischen Grund, weil nicht achtzig Millionen in Deutschland und auch nicht acht Millionen Menschen in Österreich jede Entscheidung basisdemokratisch treffen können. Im gegenwärtigen demokratischen System hat sich die Vertretung des Souveräns jedoch in eine »Diktatur auf Zeit« gewandelt. Das sollte in den Mitgliedstaaten genauso geändert werden wie auf EU-Ebene.

Gewaltentrennung könnte bedeuten, dass die Souveräne ihre gewählte Vertretung jederzeit korrigieren, ergänzen und abwählen können. Sonst werden sie zu temporären Untertanen, die sich regelmäßig entmündigen und beherrschen lassen müssen, wie dies jetzt der Fall ist. Ein echter Souverän müsste die Macht haben:

1. ein Legislativ-Organ zu wählen, das Gesetze initiieren kann;

2. ein Legislativ-Organ zu wählen, das sich beim Beschluss von Gesetzen nicht mit nicht gewählten Organen abstimmen muss;

3. das Parlament via EU-weite Referenda zu korrigieren;

4. das Parlament via eigene Gesetzesinitiativen zu ergänzen;

5 kleinere Änderungen im EU-Vertrag via Volksabstimmung vorzunehmen;

6. einen Konvent zu wählen, der einen neuen Vertrag ausarbeitet.

Davon ist die EU auch mit dem Lissabon-Vertrag, der angeblich den »größten Demokratieschub seit zwanzig Jahren« (Othmar Karas)[9] mit sich brachte, noch Lichtjahre entfernt.

Zumal das Demokratiebewusstsein der Menschen langsam steigt, sieht sich der feudale Machtblock der EU-Eliten allerdings zu ersten Zugeständnisse gezwungen – Stichwort »Dunkelkammer-Konvent«. Ein weiteres – vorerst noch düsteres – Indiz: Als Reaktion auf den Vertrauensverlust durch das Durchboxen des Verfassungsvertrags entwickelte die EU-Kommission 2005 den legendären »Plan D«. »D« steht für: »Demokratie, Diskussion, Dialog«. In diesem Plan heißt es wörtlich:»Dieser demokratische Erneuerungsprozess bedeutet, dass die EU-Bürger das Recht haben müssen, dass ihre Belange wahrgenommen werden.«[10] Diese Aussage ist bemerkenswert: Wurden denn die Belange der BürgerInnen bis 2005 nicht »wahrgenommen«? Und werden sie seit 2005 nur wahrgenommen? Das ist zu befürchten, denn davon, dass die Belange der BürgerInnen *ernst* genommen, in ein Gesetz gegossen oder von ihnen, den BürgerInnen, selbst zu einem Gesetz gemacht werden können, steht im Plan D kein Sterbenswörtchen.

Aus demselben »wahrnehmenden« Geist floss die Formulierung für die »Europäische BürgerInnen-Initiative« (European Citizen Initiative), die als Artikel 11 des Vertrags über die Europäische Union in den Lissabon-Vertrag einging. Dort sieht die Gnade der EU-Eliten Folgendes vor: Die BürgerInnen dürfen die EU-Kommission »auffordern«, in einer ihnen wichtigen Angelegenheit etwas zu unternehmen – allerdings nur, wenn das Begehren die Verträge »umsetzt«.[11] Handelt es sich um ein Begehren, das auf die *Änderung* der Verträge (der Regierungen) abzielt, ist das Begehren unzulässig. Und selbst bei den zulässigen Begehren ist die Kommission zu nichts verpflichtet, sie muss sich nur mit dem Anliegen befassen. Ob sie daraus ein Gesetz formuliert oder nicht, bleibt *ihre* Entscheidung. Mit Bettelrechten haben wir schon genügend nationale und internationale Erfahrung: Das EU-Parlament, das selbst keine Gesetze initiieren darf, forderte die Kommission jahrelang auf, Hedge-Fonds streng zu regulieren.

Selbst nach den wiederholten Rügen hat sich die Kommission keinen Millimeter bewegt: Sie muss ja nicht. Erst Jahre später, Ende 2010, wurden Hedge-Fonds-Manager in einer Richtlinie reguliert. Die Fonds selbst werden nur registriert. Sie behalten weiterhin alle Freiheiten wie Spekulationsfreiheit, Sitzfreiheit, Steuerfreiheit. Wie würde die Hedge-Fonds-Richtlinie aussehen, wenn sie vom Parlament allein beschlossen würde? Wie, wenn die BürgerInnen das Gesetz schreiben dürften?

Mit dem Lissabon-Vertrag darf das Parlament immerhin der – gesamten! – Kommission das Misstrauen aussprechen. Ja Herrgott, geht es noch ein wenig ineffizienter? Wenn der Handelskommissar schlechte Arbeit macht, müssen alle anderen auch weg! Wie wäre es, dem Parlament das Recht auf Gesetzesinitiative zu geben? Oder eben: warum nicht gleich den BürgerInnen! Sie sind die höchste Instanz! Eine BürgerInneninitiative, die eines Souveräns würdig ist, muss im Erfolgsfall zu einer verbindlichen Volksabstimmung führen. Sonst bleibt der Souverän der Untertan seiner Vertretung.

5. Wirtschaftsdemokratie

Ein weiterer Schlüssel zur Demokratisierung der Gesellschaft liegt in der Aufhebung des Eisernen Vorhangs zwischen Demokratie und Wirtschaft und der damit verbundenen Auflösung zu großer wirtschaftlicher Macht: der nächste Schritt in der Trennung der Gewalten. Da die Macht heute nirgendwo stärker konzentriert ist als in der Wirtschaft, muss das Prinzip der Gewaltentrennung zuallererst dort angewandt werden. Die ökonomische Machtkonzentration ist zur größten Gefahr für die Demokratie geworden, weil mächtige private Konzerne und Wirtschaftsverbände ihre Minderheitsinteressen erfolgreich lobbyieren und durch undemokratische Gesetze der Mehrheit der Bevölkerung erfolgreich aufdrücken können. Ein Beispiel:

Um die Demokratie zu retten, braucht es eine Dekonzentration wirtschaftlicher Macht. Das haben die Neoliberalen im Grunde immer bestätigt: »Um frei von diktatorischen Einflüssen zu sein, muss Macht begrenzt sein«, formulierte Friedrich A. von Hayek.[12] »Macht ist das Gegenteil von Freiheit«, sekundierte sein Adept Karl-Heinz Grasser.[13] Die logische Konsequenz: Die Ungleichheit muss begrenzt werden und Demokratie auch die Wirtschaft durchfluten, sonst wird die Politik ökonomisiert und die Demokratie erstickt. Mehrere Ansätze können hier weiterhelfen.

Demokratische Kontrolle von Großunternehmen

Derzeit gibt es weder eine Grenze für Privatbesitz an Unternehmen – auch ein Weltkonzern mit 300 000 Beschäftigten kann nur einer Person oder Familie gehören – noch den leisesten Ansatz einer globalen Größenschranke für Konzerne und nicht einmal eine globale Kartellbehörde. Unternehmen dürfen unendlich groß werden. Und sie werden es auch. Machte der Umsatz der 500 größten Unternehmen 1994 noch ein Viertel der Weltwirtschaftsleistung aus, so war es 2005 bereits ein Drittel.[14] Neunzig Prozent aller staatlichen Rettungsgelder und Bankengarantien seit 2008 gingen an jene 145 Giga-Banken, deren Bilanzsumme hundert Milliarden US-Dollar übersteigt. Die systemrelevanten Banken sind heute noch größer und systemrelevanter als vor der Krise: Die Deutsche Bank verschlang die Post-Bank, die Bank of America Merrill Lynch.

Mit der Größe konzentriert sich die Macht bei einer schmalen Elite, unter deren Kontrolle diese Großunternehmen stehen. Ihr Einfluss auf die Politik ist unvergleichlich größer als der aller anderen Menschen und Interessengruppen. Hier ist die Dekonzentration von Macht gefragt. Die Neoliberalen würden dem Grundgedanken, wie schon erwähnt, zustimmen. Doch kämen sie nie im Leben auf die Idee, ihn auch auf die Wirtschaft oder gar Eigentum anzuwenden. Sie wollen nur die politische Macht kurzhalten – als ob wirtschaftliche Macht und Eigentumsmacht von dieser zu trennen wären!

Die logische Konsequenz: Je größer und damit mächtiger Unternehmen werden, desto demokratischer muss ihre Eigentums- und Entscheidungsstruktur werden. Ein einfacher Vorschlag wäre: Ab einer bestimmten Größe gehen die Stimmrechte in den operativen und Kontrollorganen zu je einem Fünftel an die EigentümerInnen, die Beschäftigten, die KundInnen sowie VertreterInnen für Geschlechtergerechtigkeit und die Umwelt/zukünftige Generationen. Das europäische Großunternehmen könnte sich von anderen Ländern abheben, indem es Demokratie auch in der Wirtschaft vorlebt. Vielleicht macht das Beispiel Schule. Und die EU kann sich jederzeit vorbehalten, mit weniger demokratischen AkteurInnen den freien Handel und Kapitalverkehr einzuschränken: Wer bei der Demokratisierung mitmacht, wird mit Freihandel und freiem Kapitalverkehr belohnt. Wer autoritäre Strukturen und die Konzentration von Eigentum fördert, muss warten oder eine höhere Eintrittsgebühr zahlen.

Weil bei diesem Vorschlag immer und immer das Argument mit China kommt: Niemand könne China vorschreiben, welche Standards es umzusetzen hätte. Erstens geht das sehr wohl, der Freihandel mit China ist kein Naturgesetz, sondern ein Vertrag.[15] Zweitens werden sechzig Prozent der Exporte aus China nicht von chinesischen Unternehmen durchgeführt, sondern von Unternehmen aus der EU, den USA und anderen Drittländern: Die Hauptansprechperson der EU ist also gar nicht »souverän«, sondern es sind ihre eigenen Unternehmen.[16]

Lobbyismus begrenzen

Die Idee des Binnenmarktes kam wie gesagt nicht von einer BürgerInneninitiative. Auch der EU-Finanzbinnenmarkt ist keine Sehnsuchtserfüllung der Volksseele. Ebenso wenig die WTO-Abkommen GATS oder TRIPS. Sie alle sind politische Brachial-Erfolge der LobbyistInnen der Konzernverbände, die die derzeit mächtigsten Player auf dem globalen Politikparkett sind.

Will sich die Demokratie aus dem eisernen Klammergriff der Wirtschaftslobbys befreien, muss sie klare Grenzen und Regeln setzen. Ein wichtiger erster Schritt ist das Verbot von Parteispenden durch Unternehmen. Demokratie ist keine Ware, und Politik darf nicht käuflich sein! Der zweite Schritt ist die verpflichtende Offenlegung aller Lobbying-Aktivitäten in den Hauptstädten und in Brüssel. Das 2008 eingerichtete EU-Lobbyregister ist immer noch freiwillig! Zwei Jahre nach seiner Installation lag der Registrierungsgrad unter vierzig Prozent[17] – daran lässt sich wieder einmal erkennen, was Transparenz in der EU zählt und wer die Macht hat.

Drittens müsste die Zeit, die hochrangige PolitikerInnen mit Interessengruppen verbringen, geregelt sein. EU-PolitikerInnen ist es zuzumuten, dass sie ihre Zeit einigermaßen gerecht verteilen. Sonst passiert es, dass manche von ihnen hundertmal mit Industrievertretern essen gehen und nicht ein Mal mit VertreterInnen von Bürgerorganisationen, die häufig ein viel breites Bevölkerungssegment repräsentieren. Außerdem braucht es »Abkühlzeiten«, bevor PolitikerInnen als LobbyistInnen tätig werden dürfen. Derzeit wechseln die ParlamentarierInnen oft direkt in den Dienst der Konzerne oder, noch schlimmer, sie sind

Abgeordnete und LobbyistInnen gleichzeitig, wie – nur als Beispiel – der ehemalige Delegationsleiter der ÖVP im EU-Parlament, Ernst Strasser.[18]

Viertens wäre es zu überlegen, ob nicht Anhörungen der Zivilgesellschaft institutionalisiert werden könnten – am besten im EU-Parlament. Dabei müssten die Kosten von der EU übernommen werden, sonst nehmen wieder nur die Reichen teil. Das wäre eine gute Form, die Belange der BürgerInnen »wahrzunehmen«. Wenn die EU ein echtes Interesse an Demokratisierung hat, dann müsste sie diese Maßnahmen mit gleicher »Priorität« und gleichem »Bewusstsein« angehen wie seinerzeit den Finanzbinnenmarkt.

Öffentliche Güter auf EU-Ebene

Wie bereits angedeutet, brächte Steuerkooperation beim mobilen Steuerfaktor Kapital jährliche Einnahmen in der Höhe von rund zehn Prozent der EU-Wirtschaftsleistung. Damit ließen sich sinnvolle Projekte auf EU-Ebene finanzieren, die das Haus Europa attraktiv und wohnlich gestalten könnten, zum Beispiel ein EU-weit frei zugängliches Internet oder ein EU-weites Bahnnetz, das mit einer EU-Card um beispielsweise 500 Euro pro Jahr in Anspruch genommen werden könnte – dies wäre gleichermaßen ein Beitrag zum Klimaschutz wie zur Gemeinschaftsbildung. Auch eine EU-weite Post ist denkbar. Oder frei zugängliche Universitäten im gesamten EU-Raum. Alles sinnvolle Einrichtungen, die das Leben angenehmer – und freier – machen. Und das Geld wäre besser verwendet als zur Durchfütterung systemrelevanter Banken, die die Demokratie kaputtmachen. 4,6 Billionen, das bisherige Ausmaß der Bankenrettung in Europa, sind 37,4 Prozent des EU-BIP!

In diesem Sinne wäre auch ein dichtes Netz europäischer Genossenschaftsbanken denkbar, das an die Stelle gewinnorientierter Kommerz- und Investmentbanken tritt. Bei all diesen öffentlichen Gütern, »Commons« oder »modernen Allmenden«, wäre wichtig, dass sie unter der Kontrolle der Bevölkerung stehen – und nicht der Regierungen. Wie das gehen könnte, zeigen viele erfolgreiche Beispiele weltweit, von der kommunalen Trinkwassergenossenschaft, die in ganz Österreich verbreitet ist, über die unabhängige und krisenfeste Sparkasse bis hin zum Energieversorger der kalifornischen Hauptstadt Sacramento »Smud«, der nicht an der Börse notiert, sondern im Eigentum der 1,5 Millionen mit Strom versorgten Menschen steht. Die Leitungs- und Führungsgremien werden dort seit 1946 direkt gewählt, mit souveränem Erfolg. Der Energieversorger zählt nicht nur zu den umweltfreundlichsten, sondern auch zu den beliebtesten in den USA. Popularität hat also auch etwas mit echter Volkssouveränität zu tun, und die darf auch vor der Wirtschaft nicht haltmachen. Die Verträge nehmen zwar auf »Dienste von allgemeinem wirtschaftlichen Interesse« in Artikel 14 des Vertrags über die Arbeitsweise der Europäischen Union Bezug, für die Einrichtung von öffentlichen Gütern auf EU-Ebene wird damit jedoch keinerlei vertragliche Grundlage gelegt. Vielmehr bleiben der freie Wettbewerb und das Beihilfenrecht von diesem neuen Artikel unberührt: Die fatale und undemokratische Liberalisierungspolitik geht mit dem Lissabon-Vertrag weiter.[19]

Demokratische Medien

Ein essenzielles Fundament einer funktionierenden Demokratie ist das Vorhandensein einer Vielfalt von Medien, die unabhängig von mächtigen Einzelinteressen sind. Die gegenwärtige extreme und immer weiter wachsende Medienkonzentration trägt zur kontinuierlichen Erosion der Demokratie bei. Der Time-Warner-Disney-Komplex in den

USA, das Imperium eines Rupert Murdoch in Großbritannien oder eines Silvio Berlusconi in Italien oder die Mediaprint in Österreich: Zu viel Konzentration ist ungesund. Falls der EU der Wert der Demokratie ernst ist, müssten entsprechende Reformen in den Mediengesetzen

- Vielfalt fördern und finanzieren;
- Konzerne zerschlagen;
- Unabhängigkeit von wirtschaftlichen Interessen sicherstellen.

Außerdem wäre es sinnvoll, zur Förderung einer EU-weiten Öffentlichkeit EU-weite Medien einzurichten. Diese müssten jedoch noch strengeren demokratischen Regeln und Kontrollen unterliegen als auf nationalstaatlicher Ebene – sonst geht der Schuss nach hinten los.

Gemeinwohl als Ziel

Derzeit handeln große Unternehmen ganz vorrangig im Eigeninteresse. Je größer und politisch einflussreicher sie werden, desto mehr leidet das Gemeinwohl. Anstatt jedoch das Gemeinwohl an tausend Fronten gegen das Profitinteresse von Großunternehmen zu verteidigen, was kaum glückt, wäre es sinnvoller, alle – privaten wie öffentlichen – Unternehmen auf Gemeinwohlstreben umzusteuern. Dann würde ihr intrinsisches Anliegen, der Allgemeinheit zu dienen, gestärkt. Die Leistungen für das Gemeinwohl – von sinnhaften und ökologischen Produkten über die Qualität der Arbeitsplätze und Inklusion bis hin zu gerechter Verteilung und Mitbestimmung – könnten in einer »Gemeinwohl-Bilanz« dargestellt werden. Der Beitrag zum Gemeinwohl würde zur neuen Bedeutung von unternehmerischem Erfolg. Für gute Gemeinwohl-Bilanzergebnisse könnten Unternehmen mit rechtlichen Vorteilen – niedrigere Steuern, Zölle oder Zinsen sowie Vorrang beim öffentlichen Einkauf – belohnt werden. Dadurch würden ethische, nachhaltige und regionale Produkte billiger als unethische, kurzlebige und weltweit transportierte.

Die stark wachsende Bewegung der Gemeinwohl-Ökonomie versucht genau diese Ideen in einem systematischen Ansatz umzusetzen. Aus dem Modell, das 2010 erstmals publiziert wurde, ist nach nur einem Jahr eine breite soziale Bewegung geworden: Rund 500 Unternehmen aus zwölf Staaten unterstützen das Modell, mehr als hundert Firmen erstellten 2011 erstmals ihre Gemeinwohl-Bilanz. Die Bewegung versteht sich als politische und gesellschaftliche Erneuerungskraft und steht allen offen. Möglichkeiten der Beteiligung finden Sie unter:

www.gemeinwohl-oekonomie.org

Anmerkungen

1 Der Spiegel, 16. Juni 2003.
2 So etwa die damalige österreichische Außenministerin Ursula Plassnik in der ORF-Pressestunde, 22. Oktober 2007.
3 EFLER / HÄFNER / HUBER / VOGEL (2009), 36.
4 ARD Panorama, 12. Mai 2005.
5 EUROPEAN COMMUNITIES (1984), 4 und 18.
6 Art. 42 (3) VEU. Siehe RAT DER EUROPÄISCHEN UNION (2008).
7 Über die sogenannte Binnenmarkt-Generalklausel, die Flexibilitätsklausel, vgl. EFLER / HÄFNER / HUBER / VOGEL (2009), 47 ff.
8 Ebd., 122.
9 http://www.othmar-karas.at/ok.php?ok=new_presse_zeigen.php&id=451
10 EU-KOMMISSION (2005), 4.
11 RAT DER EUROPÄISCHEN UNION (2008), 26.
12 HAYEK (2004), 25.
13 Vorwort zu HAYEK (2004).
14 Winfried Wolf: »Treibmittel Öl und Milchmädchen-Logik. Zur Struktur der weltweit größten Konzerne 2005«, in: Solarzeitalter 2/2007, 59–66.

15 FELBER (2006), 165 ff.

16 UNCTAD (2011), 173.

17 http://www.lobbycontrol.de/blog/index.php/2010/03/eu-lobbyregister-60-der-eu-lobbyagenturen-sind-nicht-eingetragen/

18 Weitere Beispiele: http://www.lobbycontrol.de/blog/index.php/2008/07/europaabgeordnete-und-wirtschaftsinteressen-zu-enge-verbindungen/

19 RAT DER EUROPÄISCHEN UNION (2008), 69.

Bibliografie

ARBEITERKAMMER OBERÖSTERREICH (2004): »Gewinnbe-
steuerung. Die Steuerleistung der österreichischen Großunternehmen betrug 2003 nur 17,6 Prozent«, Information der Arbeiterkammer Oberösterreich, Abteilung Wirtschaftspolitik, Linz.

ARD Panorama (2005): »Abstimmung der Ahnungslosen. Die EU-
Verfassung im Bundestag«, 12. Mai 2005. Internet: http://
daserste.ndr.de/panorama/media/euverfassung100.html

ATTAC ÖSTERREICH (2006): »Das kritische EU-Buch. Warum
wir ein anderes Europa brauchen«, Deuticke, Wien.

ATTAC ÖSTERREICH (2009a): »Wir bauen Europa neu. Wer baut
mit?«, Residenz, Wien/St. Pölten, Salzburg.

ATTAC ÖSTERREICH (2009b): »Clearing-Banken. Die unbekann-
ten Helfer der Globalisierung«, unveröffentlichtes Arbeits-
papier, Graz.

ATTAC ÖSTERREICH (2010): »Geld ist ein öffentliches Gut – Für
ein alternatives Finanzsystem!«, Positionspapier, Wien, Juli
2010. Internet: http://www.attac.at/fileadmin/user_upload/
Attac_Positionspapiere/Alternatives_Finanzsystem.pdf

BAKAN, Joel (2004): »The Corporation. The Patological Pursuit of
Profit and Power«, Free Press, New York.

BANDULET, Bruno (2010): »Die letzten Jahre des Euro. Ein Bericht
über das Geld, das die Deutschen nie wollten«, Kopp Verlag,
Rottenburg.

BECK, Hanno / PRINZ, Aloys (2011): »Abgebrannt. Unsere Zukunft
nach dem Schulden-Kollaps«, Carl Hanser Verlag, München.

BOSTON CONSULTING GROUP (2011): »Back to Mesopotamia?
The Looming Threat of Debt Restructuring«, Studie von David
Rhodes und Daniel Stelter.

BUNDESMINISTERIUM FÜR FINANZEN (2011): »Bericht gemäß
§ 6 Finanzmarktstabilisierungsgesetz (FinStaG), BGBl. I Nr.
136/2008, für den Hauptausschuss des Nationalrates über die
im 2. Quartal 2011 ergriffenen Maßnahmen gemäß FinStaG und
IBSG«, Wien, 22. Juli 2011.

BUNDESMINISTERIUM FÜR SOZIALE SICHERHEIT, GENE-
RATIONEN UND KONSUMENTENSCHUTZ (2004): »Sozial-
bericht 2003–2004. Ressortaktivitäten, Analysen«, Wien.

CAPGEMINI & MERRILL LYNCH (2011): »World Wealth Report 2011«.

CREDIT SUISSE (2010): »Global Wealth Report 2010«, Credit Suisse Research Institute, Zürich, Oktober 2010.

DEUTSCHES INSTITUT FÜR WIRTSCHAFTSFORSCHUNG (2009): Wochenbericht des DIW, Nr. 4/2009, 21. Januar 2009.

EFLER Michael / HÄFNER Gerald / HUBER, Roman / VOGEL Percy (2009): »Europa – nicht ohne uns! Abwege und Auswege der Demokratie in der Europäischen Union«, VSA-Verlag, Hamburg.

EU-KOMMISSION (2005): »Der Beitrag der Kommission in der Zeit der Reflexion und danach: Plan D für Demokratie, Dialog und Diskussion«, Mitteilung der Kommission an den Rat, das Europäische Parlament, den europäischen Wirtschafts- und Sozialausschuss und den Ausschuss der Regionen, Brüssel, 13. Oktober 2005.

EUROPÄISCHE KOMMISSION (2010): »EUROPA 2020. Eine Strategie für intelligentes, nachhaltiges und integratives Wachstum«, Mitteilung der Kommission, Brüssel, 3. März 2010.

EUROPÄISCHER RAT (2011): »Entwurf für einen Vertrag zur Einrichtung des Europäischen Stabilitätsmechanismus (ESM)«, inoffizielle Arbeitsübersetzung.

EUROPEAN COMMUNITIES (1984): »Draft Treaty Establishing the European Union«, Official Journal of the European Communities, No. C 77/33, 14. Februar 1984.

FELBER, Christian (2006): »50 Vorschläge für eine gerechtere Welt. Gegen Konzernmacht und Kapitalismus«, Deuticke, Wien.

FELBER, Christian (2008): »Neue Werte für die Wirtschaft. Eine Alternative zu Kommunismus und Kapitalismus«, Deuticke, Wien.

FELBER, Christian (2009): »Kooperation statt Konkurrenz«, Deuticke, Wien.

FELBER, Christian (2010): »Attac an BBA: Erfordern die Bürgerrechte ein Lohngeheimnis?«, Antwort auf die Nominierung zum Big Brother Award 2010. Im Netz: http://www.christian-felber.at/schaetze/BBA_Attac_Felber.pdf

FELBER, Christian (2012): »Die Gemeinwohl-Ökonomie«, überarbeitete Neuauflage, Deuticke, Wien.

FESSLER, P. / MOOSLECHNER, P. / SCHÜRZ, M. / WAGNER, K. (2009): »Das Immobilienvermögen privater Haushalte in Österreich«, in: OeNB: Geldpolitik und Wirtschaft Q2/09, S. 104–124, Wien.

FLASSBECK, Heiner (2010): »Die Marktwirtschaft des 21. Jahrhunderts«, Westend, Frankfurt/Main.

FUEST, Clemens / HELLWIG, Martin / SINN, Hans-Werner / FRANZ, Wolfgang (2010): »Zehn Regeln zur Rettung des Euro«, in: FAZ, 18. Juni 2011.

G20 (2008): »Declaration. Summit on Financial Markets and the World Economy«, 15. November 2008, Washington.

HAYEK, Friedrich August (2004): »Der Weg zur Knechtschaft«, Deutsche Reader's-Digest-Ausgabe, Friedrich August v. Hayek Institut, Wien.

HERRMANN, Ulrike (2010): »Hurra, wir dürfen zahlen. Der Selbstbetrug der Mittelschicht«, Westend, Frankfurt/Main.

HORSTMANN, Ulrich (2011): »Die Währungsreform kommt. Über Versuche der Politiker den Euro zu retten, fehlgeleitete Finanzmärkte und wie Sie Ihr Vermögen trotzdem sichern«, Finanz-Buch Verlag, München.

HUBER, Joseph (2010): »Monetäre Modernisierung. Zur Zukunft der Geldordnung«, Metropolis-Verlag, Marburg.

IHS (2009): »Zur Besteuerung von Vermögen in Österreich. Übersicht, ökonomische Analyse und neue Wege«, Presseinformation, Wien, 26. August 2009.

KENNEDY, Margrit (2006): »Geld ohne Zinsen und Inflation. Ein Tauschmittel, das jedem dient«, Goldmann Taschenbuch, aktualisierte Neuausgabe, 9. Auflage, München.

KEYNES, John Maynard (1943): »Vorschläge für eine International Clearing Union / Union für den internationalen Zahlungsverkehr«, Collected Writings, Vol. 25 – Activities 1940–1944, Cambridge 1980, S. 168–195; Übersetzung von Werner Onken.

KOMMISSION DER EUROPÄISCHEN GEMEINSCHAFTEN (1992): »Bericht des unabhängigen Sachverständigenausschusses zur Unternehmensbesteuerung«, Amtliche Veröffentlichungen der EG, März 1992.

LAGENEAU, Paul / RIVA, Angelo (2011): »Jenseits der Börse«, in: Le monde diplomatique, Nr. 9623 vom 14. Oktober 2011.

LIEBERT, Nicola (2009): »Lob der Steuer«, in: Le monde diplomatique, Nr. 9008 vom 9. Oktober 2009. Im Netz: http://www.monde-diplomatique.de/pm/2009/10/09.mondeText1.artikel,a0031.idx,7

LIETAER, Bernard A. (2002): »Das Geld der Zukunft. Über die zerstörerische Wirkung unseres Geldsystems und Alternativen hierzu«, Riemann Verlag, Sonderausgabe, 2. Auflage, München.

LORDON, Frédéric (2009): »Mit der Krise ein neues Europa. Die Realität hat das Regelwerk der EU längst überholt«, in: Le monde diplomatique, Nr. 8907 vom 12. Juni 2009. Im Netz: http://www.monde-diplomatique.de/pm/2009/06/12. mondeText.artikel,a0008.idx,0

LORDON, Frédéric (2010): »Ein Würfelbecher namens Börse«, in: Le monde diplomatique, Nr. 9113 vom 12. Februar 2010.

MEMORANDUM-GRUPPE (2011): »Manifest zur Krise des Euro. Die Schuldenkrise der Staaten kann nur durch grundlegende Reformen des globalen Finanzsystems und der EU überwunden werden«, 13 Seiten, 1. März 2011.

OESTERREICHISCHE NATIONALBANK (2011): »Vermögensaufbau der privaten Haushalte kam fast zum Stillstand«, Pressemitteilung, 11. Juli 2011.

OTTE, Max (2011): »Stoppt das Euro-Desaster«, Ullstein, Berlin.

PLETTENBACHER, Tobias (2009): »Neues Geld. Neue Welt. Die drohende Wirtschaftskrise. Ursachen und Auswirkungen«, 5. Auflage, planetverlag, Wien.

RAFFER, Kunibert (2011): »EU-Finanzkrise: Marktlösung statt Spekulantensubvention«, in: Kurswechsel 3/2011, S. 83–88.

RAT DER EUROPÄISCHEN UNION (2008): »Konsolidierte Fassungen des Vertrages über die Europäische Union und des Vertrages über die Arbeitsweise der Europäischen Union«, 6655/08, Brüssel, 15. April 2008.

REIMON, Michel / FELBER, Christian (2003): »Schwarzbuch Privatisierung. Wasser, Schulen, Krankenhäuser – was opfern wir dem freien Markt?«, Ueberreuter, Wien.

ROUBINI, Nouriel / MIHM, Stephen (2011): »Das Ende der Weltwirtschaft und ihre Zukunft: Crisis Economics«, Goldmann Verlag, München.

SBAROUNIS, Athanasios I. (1950): »Meletai kai Anamniseis ek tou Defterou Pangosmiou Polemou. Studies and Memoires from the Second World War«, Government Printing Office, Ahten.

SCHÄFER, Ulrich (2009): »Der Crash des Kapitalismus. Warum die entfesselte Marktwirtschaft scheiterte«, Campus, Frankfurt/New York.

SCHMIEDERER, Ernst / WEISS, Hans (2005): »Asoziale Marktwirtschaft. Insider aus Politik und Wirtschaft enthüllen, wie die
Konzerne den Staat ausplündern«, Kiwi, Köln.

SCHULMEISTER, Stephan (2011): »Implementation of a General
Financial Transactions Tax«, Wifo-Studie, Juni 2011.

STIFTUNG FAMILIENUNTERNEHMEN (2011): »Berliner Erklärung von Familienunternehmen zur Krise des Euro«, 27. Juni
2011.

UNCTAD (2011): »Trade and Development Report. Post-crisis
policy changes in the world economy«, New York and Geneva.

UNITED NATIONS CONFERENCE ON THE WORLD FINANCIAL
AND ECONOMIC CRISIS AND ITS IMPACT ON DEVELOP-
MENT (2009): »Report of the Commission of Experts of the Pre-
sident of the United Nations General Assembly on Reforms of
the International Monetary and Financial System«, Entwurf,
New York.

WEHR, Andreas (2010): »Griechenland, die Krise und der Euro«,
PapyRossa, Köln.

WUPPERTAL-INSTITUT (Hg.) (2005): »Fair Future. Begrenzte
Ressourcen und globale Gerechtigkeit«, C. H. Beck, München.

Ich danke …

… meiner politischen Heimat Attac, durch die ich einen tiefen, differenzierten und detaillierten Einblick in die ökonomischen und politischen Zusammenhänge des Projekts Europa und der Globalisierung gewonnen habe. Oft in einer solchen Detailtiefe, dass nur ein Bruchteil des Wissens hier dargelegt werden konnte. Ich kann diesen Erkenntnisweg nur jeder und jedem empfehlen!

www.attac.at / www.attac.de / www.attac.ch

… der Gemeinwohl-Ökonomie-Bewegung und dem Projekt Demokratische Bank, die mir trotz intensiven Gründungsengagements genügend Freiraum gelassen haben, mich meiner publizistischen Kernarbeit weiterhin zuzuwenden:

www.gemeinwohl-oekonomie.org
www.demokratische-bank.at

… Marica Frangakis, Elisabeth Klatzer, Karin Küblböck und Max Otte für entscheidende Hinweise, erkenntnisreiche Gespräche oder Durchsicht des Manuskripts.

… dem inzwischen sehr gut eingespielten Team bei Deuticke rund um Bettina Wörgötter, Susanne Rössler, Brigitte Kaserer, Annette Lechner, Peter Guttmann und Martina Schmidt.

… Pachamama, Quelle von allem. Nicht nur von unbezahlbaren Früchten und unbezahlter Arbeit.

Christian Felber

im Deuticke Verlag

50 Vorschläge für eine gerechtere Welt

Gegen Kapitalismus und Konzernmacht

2006. 336 Seiten

Der globalisierungskritischen Bewegung wird immer wieder vorgeworfen, sie würde nur Probleme aufzeigen, aber keine Lösungen bieten.

Christian Felber entkräftet diesen Vorwurf eindrucksvoll: Er präsentiert 50 konkrete Alternativen zur neoliberalen Globalisierung und zur Ökonomisierung unseres Lebens. Die Lösungsmodelle reichen von der Neugestaltung der Finanzmärkte und des Welthandels über verbindliche Regel für Konzerne bis hin zu sozialer Sicherheit und globaler Steuergerechtigkeit.

Ein flammendes Plädoyer dafür, die Gestaltung unseres Zusammenlebens aktiv in die Hand zu nehmen und die Spielregeln neu zu schreiben.

Neue Werte für die Wirtschaft

Eine Alternative zu Kommunismus und Kapitalismus

2008. 336 Seiten

Der Kapitalismus hält keines seiner zentralen Versprechen. Individuelle Freiheit und persönliches Glück, wie sie Hayek und Friedman in Aussicht stellten, rücken für den Großteil der Menschen in unerreichbare Ferne. Die kapitalistischen Kernwerte – Wachstum, Wettbewerbsfähigkeit, Gewinn – stehen im Widerspruch zu den fundamentalen Werten der Demokratie: Freiheit, Menschenwürde und Gerechtigkeit. Welche Werte aber wollen wir? Christian Felber plädiert in seinem Buch für einen ganzheitlichen »dritten« Weg. In der Wirtschaft sollen dieselben humanen Werte gelten wie in zwischenmenschlichen Beziehungen. Nicht Egoismus, Konkurrenz und Materialismus sollten belohnt werden, sondern Kooperation, Selbstbestimmung und ökologische Verantwortung.

Die Gemeinwohl-Ökonomie
Aktualisierte und erweiterte Neuausgabe
2012. Ca. 192 Seiten

Die *Gemeinwohl-Ökonomie*, Christian Felbers alternatives Wirtschaftsmodell, hat ein überwältigendes Echo ausgelöst. Mehr als tausend Privatpersonen, Politiker/innen, Initiativen und Unternehmen haben sich der Idee angeschlossen.

Felbers *Gemeinwohl-Ökonomie* beruht – wie eine Marktwirtschaft – auf privaten Unternehmen und individueller Initiative, jedoch streben die Betriebe nicht in Konkurrenz zueinander nach Finanzgewinn, sondern sie kooperieren mit dem Ziel des größtmöglichen Gemeinwohls. Die erfolgreichsten Unternehmen, also jene, die sozial verantwortlich, ökologisch, demokratisch und solidarisch agieren, erhalten rechtliche Vorteile.

Weil das Modell offen und demokratisch weiterentwickelt wird, hat sich in den letzten Monaten viel getan: Die Gemeinwohl-Bilanz wurde mit über hundert Pionier-Unternehmen präzisiert, zwölf Akteur/innen-Kreise haben sich in Deutschland, Österreich und Italien gebildet, zahlreiche Regionalgruppen sind aktiv geworden und haben eine gemeinsame Strategie für die kommenden fünf Jahre entwickelt.

»Ich rufe alle Menschen auf: Engagiert Euch für konkrete Alternativen! Engagiert Euch für die Gemeinwohl-Ökonomie!«

Stéphane Hessel

»Ein großartiges, wichtiges Buch!«   Jean Ziegler

»Christian Felber zeigt den Weg zu einer Ökonomie, in der Geld und Märkte wieder den Menschen dienen statt umgekehrt.«

Jakob von Uexküll